JN202808

交渉学 が 君たちの 人生を変える

慶應義塾大学教授
印南一路

まえがき

　私たちの身の回りには交渉が満ちあふれている。車などの買い物だけでなく、就職活動で内定を勝ち取る面接も、彼女（彼氏）や家族といつどこに旅行に行くかの会話も、誰が飲み会の幹事をするかの押し付け合いも、なかなか結論が出ない会社での会議も、すべて広い意味での交渉である。

　交渉力は生まれつきの能力や経験で自然に身につけるものと思っていないだろうか。実はそうではない。交渉学とでもいうべき分野が発展し、今や交渉能力は意識的に向上させることができるようになっているのだ。

　たとえば、就職活動を考えてみよう。学生 A 君が内定を一つももらえないのに、同じような能力の持ち主の学生 B 君がいくつもの内定を得ることがある。A 君は自己アピールが足りなかったのだろうか。それとも B 君に生まれついての説得力があるからなのであろうか。そうではないのである。

　交渉学には BATNA（バトゥナと発音する）といわれ

るものがある。Best Alternative To Non Agreement の頭文字を取ったもので、「今行っている交渉がうまくいかなかった場合に備えて意識的に作った選択肢」のことだ。B君は本命の就職先に行く前に、内定をもらいやすい別の会社に行って、あらかじめ内定をもらっておき、その上で本命の就職先を訪問して面接したのである。BATNA を持っていると、心理的に余裕が出る。それが自信につながり、面接官との会話を通じて相手に微妙に伝わるのだ。そして「すでにある会社から内定をもらっています」と相手にタイミングよく言えば、同じような面接をしている A君よりも B君の方が優秀に見えてしまう。そして本命の会社から内定をもらえば、内定が二つになる。さらに、難しい会社に挑んでも有利に展開できることになる。

　本書は科学的な根拠に基づき、交渉にあたってあらかじめ何を考え、どう行動し、現場でどういう会話をすればよいかをまとめたものである。若い時の小さな成功は自信とやる気を生み、それがさらなる努力につながって、やがて周囲の自分を見る目が変ってくる。さあ、交渉学をしっかり学んで人生を変えてみよう。

目次

3章　正当な交渉戦術　…………　p.81

5章　交渉戦略を実践しよう　……　p.189

1章
交渉とは何か？

　誰でも交渉に成功したいと思っているのでは？　交渉というと多くの人は価格交渉を思い出すだろう。そこでの「成功」は、買い手ならばより安く買うことかもしれない。

　でも、本当は、「どんな利益をどれだけ実現したか」が交渉の成功・不成功の尺度なのだ。

　交渉の戦術や戦略の話をする前に、交渉とは何か、交渉にはどんな誤解があるか等を考えておこう。

1 誰もが「交渉」の世界で暮らしている

　交渉というと、何を思い浮かべるだろうか？　多くの人は値段交渉をイメージして、「駆け引き」とか「ふっかけ」「嘘」などを想起する。

　交渉は一般的には利害が一致しない当事者の間の意思決定とか相互作用と定義できる。自由意思を持った人間の利害が完全に一致することはないので、二人以上の人間が絡む意思決定はすべて交渉だと考えてもよい。

　そうすると、一般的な取引だけでなく、友人との旅行の打ち合わせ、家族会議、会社の会議はもちろん政策に至るまで、一般的に「問題解決」とか「利害調整」とか「合意形成」と呼ばれるものは、すべて交渉だということになる。さらに、直接人間が相手でなくとも、ショーウィンドウや店のレイアウトも、実は交渉の一部なのだ。

2 交渉に関する5つの誤解

誤解1　交渉は駆け引きである

　交渉には多くの誤解がある。一つ目の誤解は、交渉は「駆け引き」、すなわち情報操作・認識操作に尽きるというものである。多くの人が、「交渉＝利益の対立＝駆け引き＝ごり押し＝ウソと脅し」という連想をする。交渉を一つのパイの切り合い、奪い合い、はては、ボクシングのようななぐり合いと考える。これは分配するパイが一つしかないという「固定パイ幻想」に囚われているのが原因なのであるが、現実問題として、このような人の方が多い。

　「駆け引き」のイメージはかなり悪い。筆者は自分の名刺に専門分野 の一つとして、交渉論の文字を入れているが、これで得をしたことがない。「駆け引き」の専門家と思われると、「ずるいやつ、汚いやつ、油断のならないやつ」という先入観を相手に与えることさえある。

　世間に出回っている交渉の本の中には、高圧的に出て成功を導く「悪魔の交渉術」やウソやハッタリを勧めるものも存在する。たいていは近視眼的で、目の前の価格

に関心がある場合が多い。あるいは、相手を困惑させ、自分が優位に立って物事を進めていること自体に優越感のようなものを感じているケースもある。これらの方法は、その場ではうまくいっても、やがて悪評の元となり、自分自体の首を絞めることになる。世間は狭いのだ。

　　　　1章　交渉とは何か？

実際の交渉では、利益を双方が交換したり（後述する利益交換型交渉）、創造的な問題解決を図ったりすることが可能である。いやむしろ、相手と「駆け引き」するよりも、相手と仲良く協働する方が、相互の、あるいは自分の利益を最大限実現できることが多い。

　本書を読み進めていただけば、交渉＝駆け引きという考え方がいかに間違っているかを理解していただけることと思う。
　しかし、一方でこのような誤解をもっている人が多く、ウソやハッタリに出会う機会が多いとなれば、これらに対する対策も考えておく方がよいということになる。

誤解2　交渉は経験のみで十分学べる

　二つ目の誤解は、交渉は経験で自然と学べる、あるいは経験を積めば、自然と交渉能力が増すという考えや、逆に経験でしか学べないという考えである。あわせて、経験楽観主義や経験万能主義と言っておこう。

もちろん、誰でも子供のときから交渉の経験がある。オモチャが欲しいと駄々をこね、ダメと言われて、デパートで泣き叫び、母親を困惑させた上で、ついに買わせた経験があるだろう。やがて、泣き落とし作戦はきかなくなるので、「クラスの皆が持っているから…」とか「持っていないとイジメられるから…」とか「弟や妹の面倒をしっかり見ているから何かご褒美が欲しい」といった理屈を展開するようになる。このように交渉は経験で学べるし、交渉を学ぶのに経験は必要不可欠である。

　特定の経験が必要なことを強調する方もいるに違いない。たとえば、自動車のセールスにはその経験が必要であるし、経験を通してセールスマンは鍛えられていく。交渉の本を読んだからと言って、明日からいきなり有能なセールスマンになれるわけではない。顧客と言っても実にさまざまな人達がいることは、教科書には書いていない。結局、経験を積むしかないのだ。

　もちろん、交渉を学ぶのに経験は必要不可欠である。しかし、経験さえあれば交渉をマスターできるわけではない。特定の経験を通して学ぶには時間がかかるし、繰り返し行われる交渉経験には、それなりの限界があるからである。もちろん、たとえば自動車のセールスを繰り返すことによって、車の売買交渉についての一般理論なるものを頭に描ける人がいるかもしれない。しかし、繰り返し行う交渉というものは、比較的特殊な交渉である。商品は自動車という比較的高価なものに固定されている。不動産のような一生に一度の買い物ではないし、スーパーでの毎日の買い物ほど気軽なものでもない。

　さまざまな顧客がいるように見えても、地元に住んで

いて、車を買える階層というように限られている。自動車の販売は、決められたルールの中で、比較的に似たプレーヤーとの間で行う定型的な交渉なのである。一般的な交渉と比べれば、そのバリエーションはかなり小さい。自動車のセールスを20年間実践して、自分では交渉にかなりの自信を持つようになっても、自分の家を買う際に交渉がうまくいくかどうかは別問題である。

残念ながら、定型的な交渉を繰り返すだけでは、そこから得られる原則や戦術を他の交渉に応用することは難しい。交渉は経験である程度学べるが、経験のみでは応用がきくほどには学べないということなのである。

　だから、アカデミックな助けを借りる方が賢いことになる。基本概念のようなものがあるので、それらを理解し、戦術や戦略を学ぶことで、経験と融合しながら、ずっと効率的に学ぶことができるのである。

誤解 3　交渉は「術」でしかない

　第三の誤解は、交渉は学問や科学ではなく、対人関係の能力を中心とする「術」でしかないというものである。実際、世に出回っている交渉に関する本をみると、「術」レベルでとらえているものがほとんどである。これは交渉に関する本の購入者・読者の多くが、交渉を「術」としてしかとらえていないことの反映でもある。たいていの本は売れることを目的として書かれるから、読者に合わせているのだ。

　しかし、過去 30 年位の間に、科学としての交渉は米国を中心として、めざましい発展を遂げた。特に、人間を情報処理機関としてとらえる認知心理学の発達に伴い、プロセスとしての交渉も次第に明らかになりつつある。さらに、実験経済学、ゲーム理論、政治学、実務家の知見と融合して、交渉は独立の学問分野としての地位をすでに獲得している。今や交渉・合意形成は、経験談や「術」のレベルを超えて、科学的な分析の対象になっているのであり、その成果に基づいて能力開発をするこ

とが可能になったと言ってよい。

誤解 4　万能な交渉戦術が存在する

　第四は、交渉にはどんな相手にも通用する唯一普遍的な戦術が存在するという単純化である。返報原則のように、すべての交渉に働く普遍的な原理・原則も存在する。また、交渉の準備として、自己の利益を徹底的に考察したり、交渉当事者のパワーの源泉を分析したりすることは、どんな交渉にも有効な「交渉戦略」である。

　しかし、どんな「相手」に対してでも有効な「戦術」というものは存在しないと考えておいたほうがよい。たとえば、信頼関係が重要だと思って、こちらの手の内を正直に話すような柔和戦術は、相手によっては有効であるが、誤解１で述べたような「固定パイ幻想」を持った交渉者に対しては、初めから自分を不利な立場に落とし込んでしまう可能性がある。交渉は本質的に競争的な性格を持っており、相手との相互作用を通してのみ結果が

生じる。相手を見極めることが、戦術を使う前に必要な
のだ。

　もし、交渉当事者の一方が「普遍的な交渉戦術」が存
在すると考え、その戦術を使ってくる場合には、相手は
その戦術を逆手に取ることが常に可能である。これを考
えれば、「万能な戦術」を信じることの危険性は明らか
であろう。

誤解5　交渉力は生まれつきのものである

　最後の誤解は、交渉力は生まれついたものであるという幻想である。交渉というと、大柄で声が大きく、押し出しのきくタイプを想像しがちである。しかし、実際にはこのような外見的な人間特性と、交渉の能力とはほとんど関係がない。

　筆者の観察では、むしろ相手の視点から冷静に問題を分析できる能力と、進んで相手を信頼できる人間的成熟度のほうが、交渉を成功に導く能力と深い関係がある。生まれつき冷静な分析能力を持った人間はいないし、生まれつき成熟した人間もいない。したがって、結局、生まれついての交渉上手はいないということになる。

漠然と経験を積んでも、自動的には交渉力は開発されない。交渉力を向上させるには、意識的な努力が必要である。しかし、逆にいえば、意識的な努力をして、分析力・思考力を鍛えれば、必ず交渉力を向上させることができるのである。

3 交渉を 成功に導く３つの鍵

　以上の５つの誤解に関する説明から、ある程度ご理解いただけたと思うが、交渉に成功するためには、まずこれらの誤解から解放されることが必要である。そして、交渉の科学を理解し、実際の交渉で発揮できる能力を開発することになる。本書では、以下その具体的な方法を説明していくことになるが、ここで最も大きな要素として三つの鍵をまとめておこう。

①　交渉の基本概念を理解する

　交渉に働く普遍的な原則を理解し、基本的な概念を身につけることである。基本的な概念を習得すれば、現実の複雑な交渉がよりよく理解できるようになり、また過去の経験や将来の経験と結びつけることによって、実践的な能力を絶えず向上させることができる。逆に概念を習得できないと、いつまでたっても経験から学ぶことができないと言ってよい。

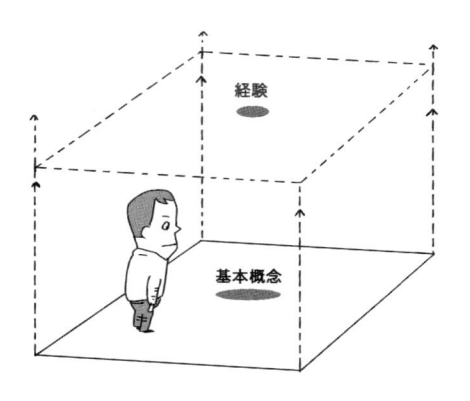

② 事前分析をきちんと行う

　適切な事前分析を十分な時間をかけて行う。この分析は、交渉で実現するべき「利益」の確認が最も重要である。さらに、交渉のコンテクストや経緯を理解し、交渉相手と自分の間の相互依存関係を確認し、自分と交渉相手のパワーの発生源が何かを分析する。その上で、自己の目的（利益の実現）に沿った適切な戦略を立てることになる。

③ 戦略的思考力を養う

　一回一回の交渉よりも重要な問題がある。長期的に交渉力を改善するには、交渉以外の方法で自分の交渉力を高める努力をし、かつ複数の交渉相互の関係を戦略的にとらえ、相互依存関係を自己に有利な方向にマネジメントする必要がある。この言葉は、今の段階では抽象的に聞こえるかもしれないが、本書を読み進めればよく理解できるようになる。

2章
交渉をはじめよう

　単純な中古車の売買を例にして、交渉の基本を理解していこう。この例は、一般顧客と業者の間のビジネス交渉であり、必ずしも交渉全体を代表するものではない。しかし、取引の申し込み、価格の提示と反対提示、説得、価格の交渉ダンス（交換提示の繰り返し）、合意の形成、約束の実施と、交渉の基本的要素を持っているので有用だ。

中古車売買
あなたはいくらで取引する？

　素性をほとんど知らぬ相手との一回きりの交渉の事例を通じて、交渉の基本プロセスをたどってみよう。

ケーススタディ

　あなたは東京都港区にある外車専用の中古車ディーラーのベテラン・セールスマン A である。首都圏では信頼できる中古外車ディーラーはあまりなく、自分のところ以外では、中央区に一ヶ所だけあるとする。

長いこと展示してある 2012 年製ベンツ（紺色のセダン・新車価格約 900 万円）を 600 万円以上の価格でなるべく高く売りたい。この車は車検を済ませたばかりで、屋内に展示していたため、コンディションにも外見にもまったく問題がない。ただし、カーナビはやや時代遅れのものだし、目立ったオプション品もない基本仕様の車である。

　つい最近見にきた中小企業の経営者は、530 万円でなら現金ですぐ買うと言っていた。しかし、この金額では低すぎる。「とりおきをしてくれないか」と言われたが、「保証はできない」と答えておいた。

　これまで中古車販売には、カーナビなどのアクセサリーを付けたりしたことはなかったが、最近販売促進策として始めた。ロゴ入り床マット 2 万円（紺と黒の二色、仕入れ原価 1 万円）、ロゴ入りシートカバー 3 万円（高級仕様、仕入れ原価 2 万円）、カーナビ 25 万円（I 社製最新機種、仕入れ原価は 18 万円、取付け費用含む）等である。これらは、定価を一応明示してはいるが、仕入れ原価までなら値引き可能である。本体ではこれ以上の値引きができない時のためのバッ

ファーのようなものである。

　この車の販売価格については明示せず、価格欄には「応相談」と表示している。530 万円以上であれば、自分で価格を決められる。上司に以前相談したことがあるが、530 万円を下回る価格は認められない。

　目を転じると、ある人が熱心に車に見入っているのに気がついた。

　熱心に見入っていた買い手の B さんにも、セールスマン A の事情はわからない。逆に A さんは、B さんの予算はカーナビ購入取付け代を入れて 600 万円であること、紺色が特に気に入っていること、カーナビ以外のアクセサリーには興味がないこと、こことは別の

中央区の外車ディーラーで、同じ 2012 年製のシルバーのベンツ（カーナビなし）が 580 万円で売り出されているのを発見していることは知らない。

　さて、このケースを企業の研修参加者や学生に実際に行ってもらい、結果を売り手に有利な順に並べて一覧にすると次の表のようになる。

中古車売買交渉の結果

最初の提示価格	本体合意価格	アクセサリーその他条件
620万円	580万円	なし
580万円	560万円	カーナビ20万円、1年間オイル交換無料
600万円	570万円	カーナビ20万円
650万円	585万円	なし
700万円	590万円	なし
550万円	545万円	カーナビ30万円
500万円	540万円	カーナビ20万円、シートカバー2万円
580万円	550万円	カーナビ20万円
600万円	575万円	なし
590万円	550万円	カーナビ20万円

　本体価格でみると、540 万円から 590 万円までの開きがあり、当事者の交渉次第で結構結果は異なることになる。

　では、買い手 B から「いくらですか？」と聞かれたときの会話例を見てみよう。

いい車でしょう。700万円です。
（市場価格より高い値段でふっかけてみよう）

かなり高いですね…
（予算を100万円もオーバーするのか…）

今ならカーナビをサービスすることもできます。
（ちょっと高めに言い過ぎたか。価格を下げてみよう）

今回はやめておきます。
（カーナビがついたとしても、予算を大きく超えることは間違いなさそうだ）

　ふっかけ過ぎたせいか、交渉は決裂してしまった。続いて、別の会話例を見てみよう。

600 万円でいかがでしょうか？
（600 万円で売れるといいなあ…）

550 万円であれば買いたいと思っています。
（カーナビも欲しいし、車本体はもっと安く
ないと…）

カーナビは必要ですか？
合わせて 580 万円でどうでしょう？

カーナビを含めて 570 万円でしたら、
すぐここで決めたいと思うんですが…
　（カーナビがついたとしても、
　予算内で収まるな。もっと粘れば
　安くなるかも）

ではシートカバーとマットをつけますので、
合わせて 580 万円でいかがでしょうか？
（車本体は 559 万円で売ることになるのか…
もしかしたらもっと高く売ることができたのか
も…）

今度は思った以上に安く売ることになってしまった。

　このケースは、学生や社会人相手に今まで何回も行っているが、毎回感じることがある。第一は、結果のばらつきの大きさである。同じケースを用いて、同質性の高い集団の中で交渉しても、合意価格は500万円から700万円と大きくばらつくのである。交渉力や交渉プロセスによる結果の差には驚くものがある。

　第二は、最初の提示価格が、最終結果に与える影響の大きさである。記録をみると、45分ほどの間に多くの交渉の会話がなされるが、最初の提示価格に合意価格が引きずられている様子を示している。これには理由があるが、後述する。

　第三は、アクセサリーに注目してうまく交渉すれば、売り手も買い手も満足する結果が得られるにもかかわらず、半数ほどの参加者は本体価格のみについて激しい、あるいはしつこい駆け引きを行うことである。

第四は、にもかかわらず一部の参加者は、意外に創造性を発揮するということである。ケースには、無料オイル交換制度の有無や、友人も中古外車を買いたがっているなどの事実は記載されていない。しかし、このような新たな情報を持ち込んだりすることによって、巧みな合意形成をする例も結構ある。つまり、交渉結果のみならず、交渉能力にも思った以上の差が存在するということである。

1 交渉の基本を学ぶ

　この中古車売買の例を用いて、交渉で最初に押さえるべき概念、すなわち期待・意欲度、留保価格、BATNA、交渉ゾーンの四つを説明しよう。

交渉の基本概念

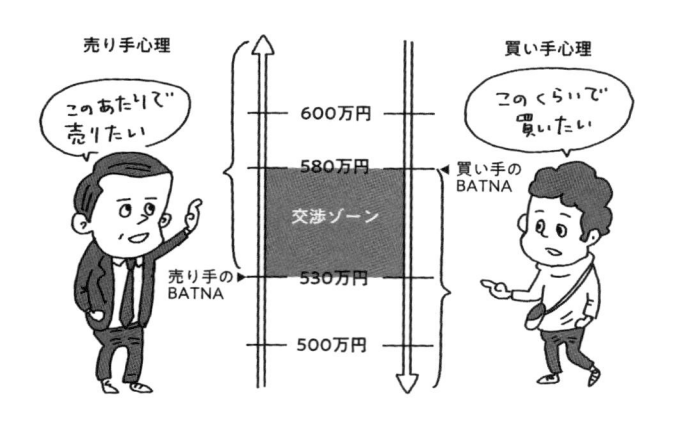

※ここでは本体価格のみ取り上げている

① 期待・意欲度　Aspiration Level

　期待・意欲度とは、交渉結果について交渉の当事者が持つ期待や意欲の程度をいう。重要なポイントが四つある。

　まず、一般に期待・意欲度が高いほど、価格交渉などの分配型交渉ではよい結果が出るということである。期待や意欲の度合いが低ければ、目標は低くなり、また安易に妥協することになる。後述する利益交換型交渉や創造的問題解決などの統合的な交渉でも、期待・意欲度がある程度高くないと交渉自体がうまくいかないことが知られている。最小限のレベル、つまり閾値として、ある程度の期待・意欲度が必要である。

　二番目に、しかし、高すぎる期待・意欲度（貪欲）は、

相手の反発を買い、交渉が長引いたり、合意不成立に至ったりする危険が大きいということである。

　多くの場合、合意不成立は不合理なので、どれほどの期待・意欲度を持つべきかについては、交渉の準備段階で冷静に分析する必要がある。逆に、事前分析を十分行えば、客観的状況に比して不合理に高い、あるいは低い期待・意欲度を持つことはない。売り手のAさんには530万円で買ってくれる客がおり、買い手のBさんは別の中古車ディーラーで580万円の車をみつけている。普通に考えれば、700万円で売れることもなければ、400万円で買えることもないだろう。

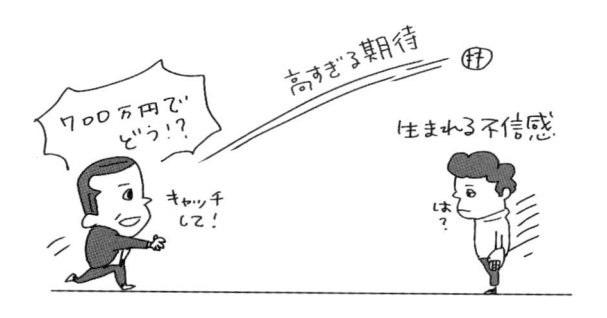

第三に、交渉が成功したか否かの自己判断は、客観的な結果とこの期待・意欲度との比較で決まることになるので、主観的な満足度を決める基準としても、期待・意欲度が重要な意味を持っているということである。

　第四は、期待・意欲度自体が、認識操作の対象になるということである。期待・意欲度は、事前に意識的に設定していない限り、相手との対話によって無意識に下げられてしまう可能性がある。自分の期待が下がれば、交渉相手は自分に有利なほうに決着する可能性が高いと考えているsom。

② 留保価格　　Reservation/Walk-Away Price

　留保価格とは、自分が受け入れられる最低レベルの価格をいう。価格以外の場合でも、自分が受け入れられる「最低条件」を意味する言葉として、比喩的に使われる。どの点が、留保価格になるかは、次に述べる BATNA の価値によって決定される。

　通常は、売り手の「これ以下の価格では売れない」という留保価格が、買い手の「これ以上の価格では買いたくない」という留保価格（たいていは予算額）を下回っていれば、後で説明する④交渉ゾーンが存在するので、交渉が行われる。

もし、売り手の留保価格が買い手の留保価格を上回っていれば、交渉ゾーンは存在せず、交渉は成立しないはずである。なので、留保価格は交渉成立の可能性を決定する。また、留保価格は後述するアンカリング戦術のアンカリングの場所の決定にとって必要な情報であり、さらに、どういう場合に交渉すべきか、交渉すべきでないかを決定する重要な手がかりとなる。合理的な交渉をするための準備では、留保価格の設定が不可欠である。

③ BATNA　　Best Alternative To Non-Agreement

　BATNA（バトゥナと発音する）は、今行っている交渉が成立しなかった場合に、当初の目的を達成するために用意してある最良の代替手段をさす。

　BATNA は交渉で成功するための最も重要な概念である。BATNA の存在とその価値が、交渉者の期待・意欲度、留保価格、交渉パワー、そして最後には交渉結果に大きく影響するからである。中古外車の売買の例では、売り

手の BATNA は、最初に興味を示した中小企業の経営者に 530 万円で売ることである。だから、これが売り手の最低の価格である留保価格 530 万円になる。今行おうとしている交渉が決裂しても、中小企業の経営者に 530 万円で売ればよいのであるから、今の交渉相手にこれ以下の価格で売る必要はない。

　一方、買い手の B さんの BATNA は、中央区の別業者からシルバーのベンツを 580 万円で買うことである。カーナビを入れると 20 万円は増えることになるから、本体価格としては 580 万円以上で買う必要はない。ただし、シルバーでなくて紺色のボディカラーにどこまでこだわるかで、どこまで払うかは変わることになる。

④交渉ゾーン　Bargaining Zone

　売買当事者の留保価格の差をさす。中古車売買の例では、530万円から580万円が交渉ゾーンになり、この交渉ゾーンの中で、通常は価格の相互提示、すなわち交渉ダンスが行われる。留保価格の重なりがなく、交渉ゾーンが存在しない場合には、先にも述べたように、交渉は成立しないはずである。しかし、実際には交渉当事者の情報操作や認識操作、あるいはコミュニケーション・ミスによって、客観的には存在しない交渉ゾーンを存在すると思い込み、交渉が成立してしまうことがある。

交渉ダンス

2 返報原則を理解する

　人間は譲り合いの世界に生きている。相手が譲ったら、こちらも譲るのが普通である。善意を与えられたら、善意を返さねばならない。逆に、ひどい扱いを受けたら、怒ってお返しするのが人間である。これを返報原則（Principle of Reciprocity）という。返報原則は人種や文化、時代を問わず、世界中どこでも観察できる普遍的原則であり、人間の共同生活を支えている。

交渉には、この返報原則が強く働く。交渉における返報原則の効果は何であろうか。

　第一は、合意形成の大きな原動力であるということである。そもそも、この返報原則が働かなければ、合意を形成すること自体が困難である。交渉を決裂させて合意することをあきらめるか、あるいは実力行使（暴力やパワー行使）によって、自分の意志を実現するしか方法がなくなってしまう。価格やその他の面での譲り合いをして初めて合意へのステップが始まる。

　第二は、これを裏側から見ると、返報原則には交渉の一方的な中止を妨げる効果があるということである。いったん相手と交渉をしはじめると、そこから先は交渉を一方的に中止するのは困難になる。特に、相手が価格を提示してきて、それに反対提示をして返報すると、これは価格で合意できさえすれば「買います。売ります」という意思表示をしたに等しい。こうなると、もう交渉は止められない。止めようとすると、「開始した交渉を、どうして途中で降りるのか」と詰問され、何か相手が納

得する合理的な説明がなければならなくなってしまう。いまさら冗談でしたとは言えない。つまり、返報原則には、交渉当事者を交渉にロックインする効果があるということである。だから、安易に交渉に入ってはいけないということになる。

　第三は、この返報原則は非常に重要なので、価格交渉であれば、返報することを前提にして、最初の提示価格を決めなければならないということである。つまり、最終的な落としドコロをまず定める必要がある。次に、何回かの譲り合いの後にそこに到達するため、譲る余裕を持たせて最初の提示価格を決める必要がある。その幅は、

大きすぎれば相手の反発を買って交渉がおかしくなってしまうし、小さすぎれば譲る幅がなくなって、結果的には落としドコロよりも不利な結果を生んでしまう。この部分については、3章のアンカリング戦術のところで詳しく述べる。

　第四は、結果としての価格の交渉ダンスである。交渉当事者双方の想定する落としドコロがほぼ一致しており、最初の価格提示と落としドコロとの差を反対側に延長した部分が反対提示となり、順次譲り合って落としドコロで合意するというのが理想である。たとえば、中古車売買の例では、売り手が「本体価格580万円で売ります」と言ったら、買い手が「530万円ならすぐ買うけど」と言って、相手が譲ることを促し、売り手が「それなら550万円ならどうですか」と聞いて、550万円での合意を目指すといった具合である。

　もちろん、返報原則は原則にすぎない。自分のほうが圧倒的なパワーを持っていれば、無視することも十分可能である。「うちの条件はこうなので、これが無理と言

うなら、別の方を相手にしてください」と突っぱねることが可能になる。

　しかし、相手が何度も譲歩しているのに、自分の側だけ譲歩しないというのは、なかなか楽ではない。実際、こうなることがあらかじめ予想されているので、最初から落としドコロを相手に提示してはいけないのである。自分も相手も後で譲る幅を考慮に入れ、最初は多少大げさな提示からスタートし、ともに歩み寄って、最終的に落としドコロに合意するというのが、むしろ返報原則にのっとった交渉のグローバル・スタンダードである。

3 やってはいけない交渉戦術

ボルウェア戦術

　返報原則にのっとった交渉ダンスに反発や違和感を覚える読者もいるかもしれない。後で譲歩することを見込んで、最初に大げさな提示をすることや、価格の交渉ダ

ンスを潔しとしない考え方もある。次のような感じだろ
う。

「後で落としドコロの価格を提示するのなら、最初の
提示価格は一体何だったのか。単なるハッタリか。交渉
においては、倫理や正直さが重要である。落としドコロ
でもない価格を最初に提示するのは不正直ではないか。
だから、初めから落としドコロを相手に提示して、後は
一切妥協しないほうがよい。それが我慢強く交渉すると
いう意味なのではないか。正直な価格を最初から相手に
提示し、一貫してそれを主張することで、相手の信頼を
勝ち得ることができるはずだ。交渉は忍耐であるから、
相手の主張をひたすらじっと聞いて、しかし、自分は一
切譲らないという態度こそが、タフな交渉者である」

このような考え方の裏側にはもう一つ、次のような思
考の連鎖もあるかもしれない。つまり、交渉は「駆け引
き」である⇒「駆け引き」は汚い⇒「駆け引き」では相
手に騙される可能性がある（不安）⇒「駆け引き」は避
け、相手の主張をひたすらじっと聞く（しゃべらずダン

マリを決め込む）ほうが騙される可能性は小さい⇒この方が紳士的に見える、である。

　残念ながら、自分では正直で紳士的な交渉をしているつもりでも、交渉相手にはそのようには映らない。まず、最初の提示価格が正直な価格か否かは、相手にはわからない。「話せばわかる」という態度は、実際には「黙って聞いて粘れば、相手が折れる」ことを期待している傲慢な態度にも見えかねない。したがって、正直者であるどころか、「こっちが譲歩しても、それに応じない、頑固・頑迷・強欲で、譲ることを知らない自己中心的な人間」とさえとられる可能性があるのである。

　この戦術を日本人の戦術と思われる方もいるかもしれない。欧米人は交渉を譲り合いのゲームと考えているが、日本人はそうではないので、交渉で損をしていると

書く本もある。しかし、この交渉戦術は、日本人特有の美徳でも専売特許でもない。実は、アメリカの経営者ボルウェア（Lemuel Boulware）が労働組合に対してとった有名な戦術なので、アメリカではボルウェア戦術（Boulwarism）と呼ばれているのである。ちなみに、この戦術は後で紹介する一方的な最後通牒（Ultimatum）や突き付け戦術（Take-it-or-leave-it）と同じである。

このような戦術を使って成功する可能性もないわけではない。たとえば、日本のプロ野球選手の年俸更改交渉に関する記述をみると、球団側にとって最も厄介な選手とは、高い要求金額を伝えて、後は一切黙り込むタイプだそうである。あれこれ数字を準備してくる選手は反対にこちらも数字を用意して説得すれば、比較的容易に合意できる。黙り込んで粘るタイプに対しては、交渉を決裂させるか、一方的に譲歩しがちになる。

ボルウェア戦術の欠点は明らかであろう。一つは、交渉の能率を著しく下げ、交渉の成立そのものを危うくすることである。そもそも、相手もボルウェア戦術をとり、ダンマリを決め込めば、交渉は膠着し、まったく進展しなくなる。

第二は、一切黙り込むような交渉スタイルをとると、信頼関係や長期的な関係を致命的に損なう恐れがあるということである。まったく譲ろうとしない交渉スタイルをとる相手に苦労した人は、その相手とは二度と交渉するまいと思うであろう。あるいはどこか別のかたちでの報復を考えることもある。

　しかし、最大の欠点は、交渉を駆け引きと思っていることである。すべての交渉戦術には、プラスとマイナスがある。ボルウェア戦術も、そのコストを覚悟して行う場合には一定の合理性がある。しかし、この交渉スタイルがより正直な交渉戦術であると思っている人は、実はそういう意図は相手に伝わっていないこと、頑固・幼稚・欲張り・利己的といったイメージさえ持たれる可能性があることを肝に銘じるべきだ。

Lemuel Boulware

痛み分け戦術

　ボルウェア戦術とはある意味反対に、痛み分けこそが交渉であると思っている人もいる。痛み分けは、「交渉では自分の利益が 100% 実現することはまずない。お互いに不利益を被ることを我慢すればうまくいく」というものである。結果平等主義の価値の強い日本では支持されがちであり、アメリカが WIN・WIN（利益交換）型交渉を強調するのに比べ、LOSE・LOSE（痛み分け）型交渉を強調するという意味で興味深い。

　しかし、よく考えると、後述する利益交換や創造的問題解決の努力を惜しみ、安易にコンフリクトを回避する

戦術でしかないことがわかる。交渉当事者全員に不満しか残さないことが最大の欠点である。負けを対等にしようとする意味では、「固定パイ幻想」に囚われている証拠でもある。

様子見戦術

　様子見戦術は、状況がわからないのでとりあえず相手の出方をみようという戦術である。その背後には、「どんなに詳細な交渉プランを立てても、相手がこちらの予想通りに動いてくれることは滅多にないので意味がない」という考えがあるかもしれない。しかし、これもやはり事前分析や情報収集の努力を惜しむ戦術である。事前に準備を行い、相手の出方に関する可能性を検討し、交渉が始まると同時に質問しながら相手の行動を分析する手法に比べると、劣っていることは明白であろう。交渉の主導権をみすみす相手に渡すことになるという意味で合理性に乏しい。

ボルウェア戦術、痛み分け戦術、様子見戦術は、組み合わせることもできる。たとえば、積極的な準備はせず、様子見をしながら、頑固なボルウェア戦術で当初は臨み、相手もタフな場合には痛み分けを交渉の終着点とする、といった具合である。これが交渉だと思っておられる読者もいるかもしれない。交渉の最も重要なポイントである利益の実現に対し積極的でないという意味で、これらが基本的には間違った戦術であるということを一早く理解し、これらと心理的に決別することが重要である。

4 交渉の有利不利は 何で決まるのか？

目の前の相手だけを 交渉相手にしてはいけない

　交渉ではパワー概念が非常に重要である。交渉によって、自己の利益を実現するには、さまざまな方法があるが、その一つはパワー行使であるからだ。また、パワーがあれば、柔軟な交渉戦略をとることができるからでもある。

　一般的な意味のパワーは、相手の意に反して何かをさせたり、させなかったりする能力であると定義される。この意味のパワーは、さまざまな源から生じる。一般的に指摘されるのは、報酬（Reward）、強制（Coercive）、正当性（Legitimate）、情報（Informational）、エキスパート（Expert）、説得力・カリスマ・外見・人格等の人的要素（Referent）である。

しかし、交渉パワーについて最も重要な点は、「交渉パワー ←逆依存性 ← BATNA」であるという公式である。少し説明が必要かもしれない。

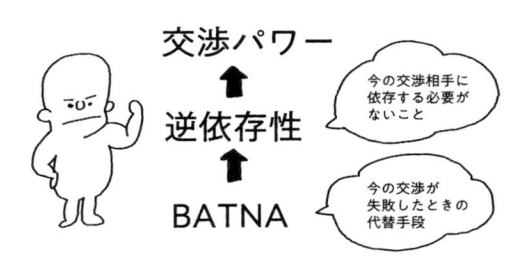

交渉パワー

↑

逆依存性

今の交渉相手に依存する必要がないこと

↑

BATNA

今の交渉が失敗したときの代替手段

　私たちは相互依存関係の世界に生きている。現代は高度に分業・専門化した社会であるため、物質的にも精神的にも、誰か他人に頼らずに生きていくのは不可能である。会社組織についていえば、人材は国・公立や私立の学校に依存し、資金は金融機関や市場に依存し、原材料・部品や製品販売・サービス提供を他の組織に依存している。国でさえも、自己完結的ではない。

　しかし、誰かの誰かに依存する程度はかなり異なる。

そして、よく考えてみると、この依存性が相手の要求を
のむ必要性を決めていることに気がつく。自分が相手に
依存する程度が高ければ、交渉で相手の要求をのまざる
をえない。逆に、相手に依存する程度が低ければ、相手
の要求を突っぱねることができる。

　たとえば、運転資金をある銀行一行のみから借りてい
るメーカーは、複数の銀行から借りているメーカーより
も、その銀行の主張を受け入れやすい。受け入れなけれ
ば、資金という非常に重要な資源を断たれる可能性があ
るからである。医師・弁護士・パイロットなどが高い収
入と社会的地位を保っているのも、社会全体が少数の有
資格者に依存しているからである。新製品開発主体の企
業組織で開発担当者が優遇されるのも、会社全体の盛衰
が少数の新製品開発担当者の働きぶりに依存しているか
らである。
　交渉における依存性の第一の決定要素は、実はさき
に述べた BATNA である。よい BATNA を持っていれば、
問題となっている交渉が成立しなくても構わないという
ことになり、相手に対する依存性は激減する。いつでも

交渉を降りることができるので、ハッタリや駆け引きを用いる必要も、これらに翻弄される必要もない。家のリフォームをどの業者に任せるかを決める場合などには、相見積もりを取ることが多いが、これは BATNA を作る基本であり、留保価格を決める基本でもある。逆に自分しか持っていない希少なものを多くの人が欲しがっている場合には、入札にかければよい。

　交渉の準備の重要性についてはいくら強調しても足りないが、準備の最大目的は、実は「よい BATNA の創出」なのである。

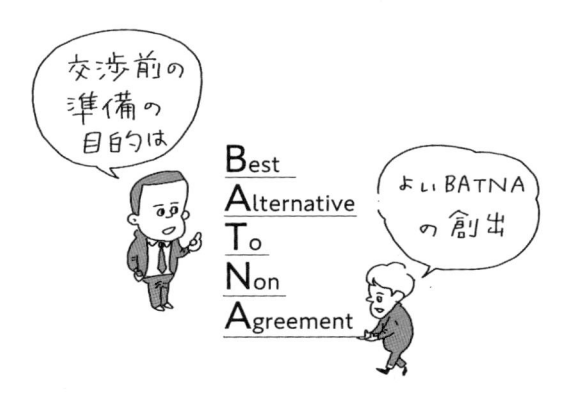

　学生の就職活動を観察すると、どこからも内定をもらえない優秀な学生がいる一方で、同じように優秀な学生

が、いくつもの内定をもらっているのを目にする。これ
は、最初の一つの内定が、学生の採用交渉における強力
な BATNA となり、その BATNA を使うことによって面
接における交渉パワーが増し、それをテコにしてさらに
次の内定を獲得するという好循環の結果である。

ゲームの基本構造と心理的優位

　交渉パワーは、基本的な交渉の成否の枠組みを決定す
る。これを交渉のゲーム構造と呼べば、ゲーム構造は交
渉者の相互依存関係の存在の有無と、それぞれの程度に
よって決まるといえるであろう。したがって、交渉に精
通した専門家同士が交渉する場合には、双方の依存関係
の程度を十分認識しているので、小手先の交渉テクニッ
クではなく、実際に当事者間に客観的に存在する依存
関係、BATNA の有無とその質、すなわちパワー格差が、
交渉の帰趨をほとんど決定することになる。
　しかし、多くの経験者が語るように、実際の交渉では
客観的な相互依存性よりも、交渉当事者の認識や実際の

コミュニケーションの方が重要な役割を果たすことがある。客観的なゲーム構造を十分認識していない人が交渉を行えば、自己が持つ本来の交渉力を発揮できない。逆に、交渉に習熟した人は、後述するようなテクニックを用いることで、ゲーム構造上の不利を跳ね返し、交渉を有利に導くことができる。「ここぞ」というときの一言で、一方が交渉で心理的に優位に立ったり、逆にうっかりした一言で優位性を失ったりする。

そこで、客観的に存在するゲーム構造とは別に主観的な認識やコミュニケーションも、交渉における優位性に影響を与えると考えることにしよう。そして、この優位性を「心理的優位」と呼び、ゲーム構造によって決まる本来の優位性と区別することにしよう。つまり、次の図のように客観的依存性で決まるゲーム構造を基礎として、主観的イメージやコミュニケーションによって影響を受ける心理的優位があり、交渉における比較優位は客観的依存性と心理的優位の双方によって決まると考えるのである。

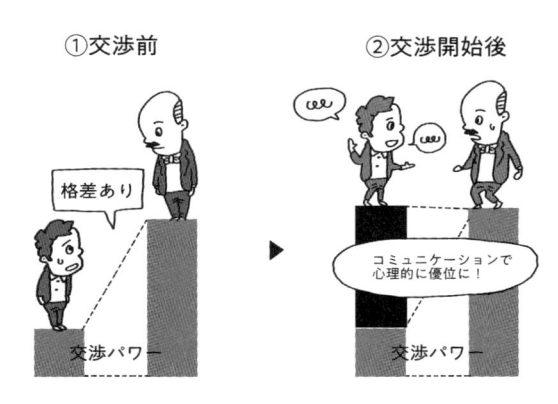

①交渉前　　　　②交渉開始後

格差あり

交渉パワー

コミュニケーションで心理的に優位に！

交渉パワー

　このように交渉における優位性を二段階に分けて考えるメリットは二つある。

　第一は、準備の段階で交渉におけるパワー関係やコンテクストを分析し、客観的なゲーム構造を把握することによって、期待・意欲度が合理的なものになり、いわば正当な自信が持てるということである。このような事前分析は、交渉に心理的な余裕をもたらし、相手の認識操作やきわどい交渉テクニックに対し強い予防効果を発揮する。したがって、ゲーム構造の客観的な分析は、心理的な優位にも影響を与えることになる。一方、客観的な

ゲーム構造が自己に有利であっても、交渉中のコミュニケーションによっては、本来の交渉力を発揮できない場合があるということを認識できることになる。

第二は、コミュニケーションの重要性とその限界を認識できることである。交渉は情報交換とコミュニケーションの過程でもある。客観的なゲーム構造は簡単には変わらなくても、比較優位は交わされる情報や時間の推移によって刻々と変化する。たとえば、予算などの自分の留保価格は、相手には与えてはいけない情報 (コントロール情報) の典型であるが、これを相手に与えたとたん、比較優位を失ってしまう。つまり、交渉中のコミュニケーションによって潜在的な交渉パワーを発揮できたりできなかったり、あるいは場合によっては、客観的なゲーム構造から決まる比較優位以上の優位性を得られることもあるということである。しかし、ゲームの基本構造は、あくまでも相互依存関係によって決まっているので、コミュニケーションの重要性にも限界があることになる。

このような見方は、交渉における比較優位を二段階に分けて考えることによって初めて可能になる。

5 交渉には3つの タイプがある

　交渉問題は、さまざまに分類できる。国内交渉・国際交渉、政治交渉・ビジネス交渉、単純交渉・複雑交渉、二当事者間交渉・多数当事者間交渉、一問題交渉・複数問題交渉、価格交渉・非価格交渉などの二分法がとられることが多い。本書では、これらの交渉類型は採用せず、問題の客観的性質によって、分配型交渉、利益交換型交渉、創造的問題解決の三タイプに分けることにする。

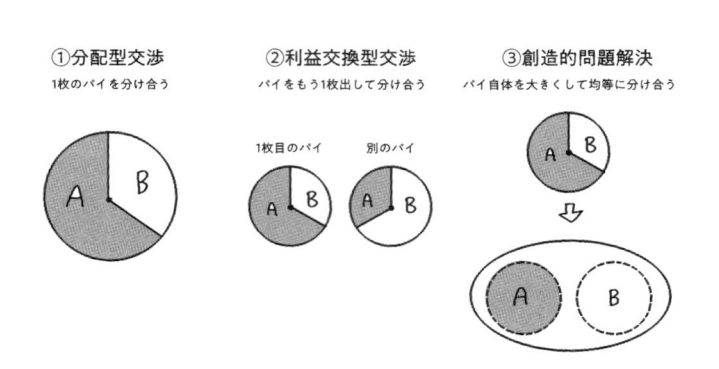

①分配型交渉
1枚のパイを分け合う

②利益交換型交渉
パイをもう1枚出して分け合う

1枚目のパイ　　別のパイ

③創造的問題解決
パイ自体を大きくして均等に分け合う

①分配型交渉

　分配型交渉は、一つの固定されたパイを分割する交渉である。ゼロ・サム交渉とも呼ばれる。分配型交渉は、一般の交渉イメージに近いため、詳しい説明は要らないであろう。例としては、見知らぬ土地の露天商で、何かの商品を値引きしながら購入する場合が典型である。交渉の対象は通常価格だけであり、事後の保証や商品の交換が不可能な場合を考えればよいであろう。分配型交渉の基本戦術は情報と認識の操作である。

分配型交渉
1回かぎりの交渉

②利益交換型交渉

　利益交換型交渉は、プラス・サム交渉、可変サム交渉、WIN・WIN 交渉とも呼ばれる。複数のパイ（利益）を交換しながら行う利益交換型交渉は、自分が重要だと思う利益を実現するために、それほど重要ではない利益で相手に妥協するタイプの交渉である。取引価格を多少犠牲にして、長期的な安定供給（購買）契約を結ぶのが、その典型例である。

　パイの比喩を使えば、利益交換型の交渉は、分配すべきパイをまず複数発見する。その中で自分が最も重要だと思うもの（たとえば、中期的継続的な取引）、それほど重視しないもの（たとえば、今現在の取引価格）等に分けておき、交渉相手についても、何が一番重要で何がそれほど重要ではないか分析したり、交渉の初期段階でそれを探り出したりしていく。自分がそれほど重視していないパイで相手の取り分を大きくして譲る代わりに、自分が重視しているパイで譲ってもらうのである。つまり、返報原則をうまくつかうことになる。

交渉を単なる価格等の一問題に関する駆け引きとは見ずに、複数の利益を同時に追求する交換過程として見ると言ってもよい。

交渉に関する記述では、「お互いの共通の利益」を強調するものが多いが、これは交渉自体の土俵に相手を乗せるために強調していると見た方がよい。交渉、とくにビジネス交渉ではこの利益交換型交渉が基本であり、分配型交渉はその一部に過ぎない。そして、「共通の利益」を強調するよりも、実は「利益の不一致」があるほど交渉はうまくいくことになる。この辺は反直観的なので注意が必要だろう。

これを理解するには絶好の例がある。一つのオレンジをめぐって争っている姉妹を考えよう。二人ともオレンジがほしいと言って譲らないため、仕方なく母が半分に切って分けたとする。

　母が行ったのは、いわゆる「痛み分け」で、一見公平・合理的に見えるが、実は姉はマーマレードを作るため皮がほしかったのであり、妹はジュースを絞るため中身がほしかったので、双方に不満を残すのである。もし、双方が十分な情報交換をし、利益の不一致を見つけていれば、皮はすべて姉が、中身はすべて妹がもらうという利益交換を行うことによって、より高い満足が得られたはずである。

痛み分けや単純析半という解決方法が、当事者双方に不満を残すことになる好例である。

　利益交換するためには、お互いの利益が何かを明らかにしなければならない。したがって、利益交換型交渉の基本戦術は、事前分析と信頼関係の構築と情報交換になる。ただし、情報・認識操作を妨げるものではないことに注意する必要がある。

③創造的問題解決

　創造的問題解決は、利益交換型交渉の発展版である。交渉の当事者が信頼関係を築いて、十分な情報交換をし、双方の利益を特定すれば、解決方法は何も利益交換に限らないはずである。当初は思ってもいなかった新しい解決法を作り出し、問題そのものをなくしてしまうこともできる。いわば〈分配型〉交渉をしない交渉方法ともいえる。パイの比喩を使えば、パイ自体を大きくして自分と相手の利益を一気に実現する方法である。場合によっては交渉問題自体を再定義して、なくしてしまうこともあるので、交渉の一タイプとしては、あまり認識されていない。

　例をあげよう。クーラーのきかない図書館内で学生二人が窓の開け具合について争っていたとする。A君は、室内が暑いので窓を全開し、涼しい風を入れたがっている。他方、B君は風が入ってくると、ノートの紙がめくれたりして落ち着かないので、窓を閉めたがっている。二人は窓を半分開けるか、3分の1にするのか、窓の前

でもめていた。そこへ、二人の争いをみた図書館員がき
て、双方の言い分を聞いた上、あることをした。隣の部
屋に行って窓を全開したのである。これが創造的問題解
決の典型である。新鮮な空気を入れるというA君の利
益、ノートを飛ばさないで落ち着いて勉強するというB
君の利益、双方の利益とも100%満たされている。利
益を交換したわけではない。一見対立していると見えた
問題も、隣の部屋の窓を全開するということで存在しな
くなってしまったわけである。

創造的問題解決の基本戦術は、利益交換型交渉と同様に信頼関係の構築と情報交換である。情報・認識操作はむしろ不要・有害である。

実際の交渉問題と戦術

　さて、交渉問題の性質は、三タイプあることが明確になった。そして、それぞれの交渉タイプに対して、有効な戦術も異なっている。

　それでは、交渉問題を三タイプに沿って分類し、それぞれに適切な交渉戦術を用いれば、必ず交渉に成功するであろうか。それほど話は単純ではない。二つほど問題点を指摘しておこう。

　第一は、実際の交渉問題は、このようにきれいに三つのタイプに分かれるわけではないということである。すべての交渉問題は、分配型交渉の性質を基本に持ちながら、同時に利益交換や創造的問題解決が図れる可能性を持っていると言った方が正確である。その意味では、ほとんどすべての交渉問題はこの三つのタイプをすべて含

んでいると言ってもよい。

　それでは、すべての交渉問題に対し、まず創造的問題解決が可能か否かを事前に検討し、それが不可能か不効率な場合に、利益交換型交渉の可能性を検討し、さらに利益交換型交渉も困難な場合には、分配型交渉として対処するという三段構えの基本戦略で交渉に臨めばよいのではないか。こう考える方もいるに違いない。私も基本的にはこの考え方をとるが、この方法は必ずしも実行可能であるとは限らない。

なぜなら、事前分析の段階では、交渉タイプの分類が常に可能ではないからである。利益交換や創造的問題解決が可能かどうかを判断するには、交渉相手との協力、すなわち情報交換が必要である。なので、実際の交渉が始まってから、交渉問題の性質を決めざるをえない部分がある。交渉の準備として、交渉問題の事前分析は重要であるが万能ではない（しかし、様子見戦略は避けるべきである）。

　その理由は、問題の客観的性質が、創造的問題解決や利益交換型交渉であっても、交渉相手が分配型交渉だと思い込んでいるような場合があるということである。この場合には、交渉問題のタイプと直結した戦術をとれないことになる。

　冒頭の中古車売買は、ある人にとっては単純な本体価格の分配型交渉であり、ある人にとっては付属品までも含めた利益交換型交渉であり、さらにある人にとっては創造的問題解決である。交渉当事者全員の認識が一致していれば問題はない。しかし、交渉当事者の一方が利益交換型交渉であると思っていろいろ努力しても、相手が

分配型交渉であると信じて、情報・認識操作をしてくる場合には、利益交換型交渉に対応した戦術を維持することはなかなかできない。

　ただ、交渉に対する戦略的意思決定をマスターすることを考えた場合、第一段階としては、三つの交渉タイプを概念的に区別し、具体的な問題が、純粋な分配型交渉なのか、あるいは利益交換や創造的問題解決が可能な交渉かを、判断するよう努力するのが重要である。その意味で、分配型交渉、利益交換型交渉、創造的問題解決の三分法は、思考のツールとして有用であろう。

　なお、交渉問題そのものではなく、相手人物のタイプによって分ける議論もよくされている。しかし、人物タイプで分けると交渉タイプが複雑になりすぎるのと、意外に人物タイプの予想は外れやすい。同じ人間が問題によって態度や戦術を変えることはしばしばあるからである。予想が外れたときに、対処が難しくなるので、本書では採用しない。

6 交渉に働く3つの力（まとめ）

　3章から交渉戦術・戦略と呼ばれているものを述べていきたいと思うが、平面的にそれらを並べるのではなく、交渉に働く3つの力を意識した方がわかりやすい。なので、この3つの力を確認しておこう。

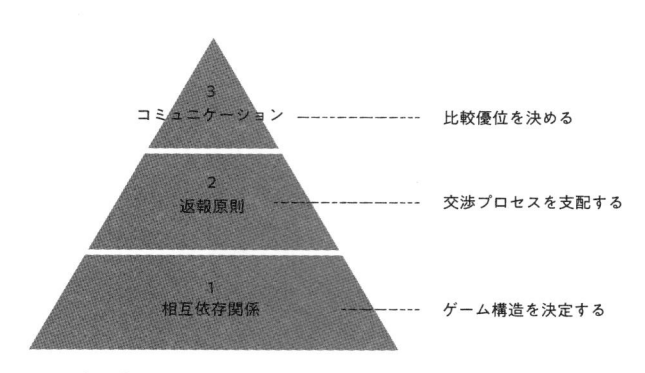

交渉に働く3つの力

最初のレベルは、一番基本的なレベルで相互依存関係である。自分が交渉相手に依存する分だけ、相手は自分にパワーを持つことになる。この相互依存関係が、交渉の基本的なゲームの在り方を決めてしまう。交渉の戦略は主としてこのレベルの力に対する対処方法である。

　二番目は、互恵原則ないし返報原則と呼ばれるものである。実際の、交渉過程で働く力で、「譲ったら譲られる」原則と考えてよい。交渉のプロセスを支配する最も大きな力である。正当な交渉戦術ときわどい戦術がある。

　第三は、コミュニケーションのレベルで、これがもっとも交渉戦術らしく聞こえるかもしれない。相手がこう言ってきたら、こう切り返そうとか、どういう情報をどう出そうかというものである。ここにも正当な戦術ときわどい戦術がある。

7 利益の実現度で 交渉の成否を判断しよう

　交渉の成否は何で判断したらよいのであろうか。

　固定パイ幻想に囚われ交渉を駆け引きととらえる人は、勝ち負けにこだわる。自分がどれだけ有利な価格で妥結したか、相手をどれだけ譲歩させたか、途中の議論で相手をどれだけ圧倒したか、心理的優位性をどれだけ保っていたかということで、交渉の成否を判断しやすい。

　しかし、利益交換や創造的問題解決を念頭におくと、結局は自分が重視する利益（経済的利益、関係の利益、プライドや評判等いろいろある）をどれだけ実現できたかで判断するべきだ。

　相手の損失を自分の利益だと考えるのは、固定パイの幻想に囚われているだけでなく、自分の利益が何かを徹底的に考えていない証拠でもある。したたかな相手は、表面的に負けたふりをすることが多い。相手の負けを自分の勝ちと考える限り、自信過剰と人間不信の間を行ったり来たりすることになるであろう。

3章
正当な交渉戦術

　概念的には、交渉は分配型交渉、利益交換型交渉、創造的問題解決の3タイプに分けられるが、実際には、すべての交渉は、分配型交渉の要素を持っている。

　そして、交渉の戦術には大きく分けて正当な戦術ときわどい戦術がある。正当な戦術は、マスターしてためらいなく使うべき戦術であり、きわどい戦術は場合によっては倫理的に問題になったり、悪意が絡む戦術である。

1 BATNA 形成戦術

BATNA は既に述べたように、Best Alternative to Non Agreement の頭文字をとったものである。これから行おうとする交渉がうまくいかなかった場合に備えて、あらかじめ用意した代替手段（選択肢）をさす。BATNA があれば、目の前の交渉がうまくいかなくても、大きな損失はない。なければ目の前の交渉で合意するしかない。よい BATNA を持っていれば、目の前の交渉で強気に出ることができる。簡単に言えば、どれだけよい BATNA を持っているかが、相手に対する自分の依存度を決め、交渉の基本的な力関係を決めてしまうと考えてよい。小手先の説得術よりも、交渉の準備の重要性が強調されるのは、これが理由である。

中古車の売買の例で考えれば、自分が欲しいと思う車が特定の中古車業者にしか存在しない場合には、そこで買うしかなく、その場合、相手からかなり高い金額を吹っかけられても、受け入れざるを得ない。自分以外にどうしてもその車が欲しいという買い手が多数いる場合には、売り手の立場がさらに強まり、入札にされてしまう。

ダミーの交渉をしておこう

　しかし車の場合、一部のクラシックを除いて、そのようなことはないであろう。一般的には、自分が欲しいと思う車は、全国にたくさんあるはずである。そこで、お目当ての車の価格交渉をお目当ての相手と始める前に、ダミーとも言える交渉を別の業者と行っておくのがもっともよい。ダミーとの間で、どこまで値引きがあるのか等を含めて、代替手段としての車を確保しておけばよいのである。この場合、本気で交渉しないと、相手もギリギリの価格は出してこない。業者から見ると、この手のダミー交渉の可能性を知っているからである。本気のつ

もりで交渉し、場合によっては数万円程度なら内金まで入れても構わない。内金を払ったとしても、BATNA をうまく使えば、本命の交渉での大幅値引きにつながり、総合コストは下がる可能性があるからである。このような別交渉が面倒であれば、ネットで調べて情報収集しておくことだけでもよい。一般的な相場がわかるし、それだけでも目の前の相手に対する心理的な依存度はかなり下がるであろう。

　このような BATNA の創出は、予想以上の効果を持つ。ちょっと手間をかけて、BATNA をつくっておけば、相手が金額を吹っかけてきても余裕のある態度で接することができ、それが交渉相手には微妙に伝わることになる。世間相場から大きく離れる提示金額に対しては、「かなり相場よりも高いですね」と言えるし、ギリギリの価格交渉をした最後に「他でも手に入りそうなので、もう少し価格で負けてくれませんか」と切り出せることになる。
　比較的高価なものを購入する際には、一般的に「相見積もり」を取りなさいと言われるが、これも BATNA 形成戦術の一つである。BATNA 形成戦術の最もよいとこ

ろは、他の戦術と比べて倫理的な問題が少ないことにある。ちょっと値の張る買い物をする際に、相見積もりを取ることに躊躇する必要はないであろう。

2 アンカリング戦術

　意思決定論には、「アンカリングと調整」という概念がある。これは情報が少なくて曖昧な状況で判断を求められると、どこかに判断の錨（アンカー）を下ろし、そこから調整するという人間の直観的な判断プロセスを指したものである。水面に浮かんだ船を考えてみよう。錨を下ろさなければ、風や潮の流れによって、船はどこまでも流されていく。しかし、錨を下ろした場合にはどうなるか。船は一定範囲でしか動かなくなる。錨を下ろすことによって、船が動ける範囲が自然と限定されてしまうというところがミソである。

たとえば、経営企画担当として、次年度の会社の売上高を予測しなくてはいけないとする。この場合、一般的な方法としては、まず、今年の売上高を基準にして、次に調整要因を考え、その予想できる変化（たとえば、一般の経済状態、市場の状況、競争相手の反応など）をもとに、数字の調整をしていくであろう。

　このアンカリングは交渉で最も効果を発揮する。相手の言うことが必ずしも100%正確かどうか確信が持てないからである。

　重要なポイントは二つある。第一は、返報原則による「譲り合い」による交渉ダンスが始まるが、最終的な落ち着き先は、調整幅が限られるので、最初の錨を下ろした点（降錨点）にかなり影響されてしまうということである。したがって、間違った場所にアンカリングしたり、不利な場所に相手にアンカリングされたりすると、当然判断の調整が不十分になり、その結果さまざまな不利益を被ることになる。たとえば、「ご予算はおいくらですか」と聞かれて、実際の予算よりも高い金額を言ってしまうと、その予算額から交渉ダンスがはじまるので、実際には払えない金額でうっかり妥結するということが起きて

しまう。

　第二は、アンカリングの概念は一般には普及していないので、たいていの人は判断の調整が不十分になっていることはおろか、アンカリングされていることすら意識できていない場合が多いということである。そのため、アンカリング戦術は、情報操作・認識操作の主要手段となっており、相手の判断に影響を与える目的で、交渉では頻繁に用いられている。多くの実証研究が示すのは、最終的な交渉結果は、交渉途中のさまざまな説得努力や駆け引きよりも、交渉初期に出される当初提示価格（アンカリング）に最も影響されるという事実である。

　　　　3章　正当な交渉戦術

アンカリングに関する日常的な事例は多数ある。たとえば、電器製品にはメーカー希望小売価格というものがあって、売り場などでは、このメーカー希望小売価格をわざわざ出した上で赤線などで消し、販売価格を提示することが多い。これは、消費者の判断をいったん高めのメーカー希望小売価格にアンカリングし、小売価格をより安く感じるように誘導している例である。

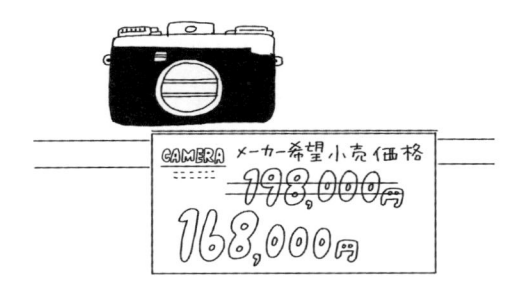

アンカリングの効果的な使い方1
＊留保価格ギリギリを狙う

　交渉でどうアンカリングを使えばよいのだろうか。結論からいうと、相手の留保価格ギリギリのところにアンカリングするのが最も有効である。これは、留保価格を

満たさなければ、相手にとっては交渉しない方がよく
なって交渉が成立しないし、一方、相手に有利な価格で
アンカリングすると、交渉ダンスの結果決まる最終合意
価格も、相手に有利になってしまう可能性が大であるか
らである。

　中古車の例では、買い手の留保価格は580万円であっ
た。売り手の最初の提示価格がこれより高いと、買い手
は別の相手から買う方が合理的である。しかし、あまり
低い価格を提示しては、最終的な価格も低くなってしま
う。手慣れたセールスマンなら、会話の初期に顧客の信
頼を得るよう努力し、途中からは相手の留保価格を探る
ことに注意を集中するであろう。そして相手の留保価格
である580万円に近い線に最初の価格提示を行う、あ
るいは、留保価格ギリギリの高価なものを言葉巧みに勧
めるであろう。

　しかし、自分にとって合理的なことは相手にとっても
合理的である。買い手の方も当然アンカリングを使うこ
とができる。だから、売り手の留保価格である530万
円をうまく聞き出し、530万円付近に最初の価格を提示
すればよい。ただし、低すぎる価格提示（アンカリング）

を買い手がすれば、本当に取引をする気があるのか、あるいは筋の悪い客や冷やかしではないかと、売り手に疑われることになる。逆に、予算やBATNAを売り手に正直に伝えてしまえば、その価格ギリギリの反対提示を受けてしまう。

　買い手は売り手の留保価格に近いギリギリの低価格で、アンカリングする方がよいとしたが、売り手は通常このようなギリギリの価格は簡単には言わない。だからこそ、ダミーの交渉であっても真剣に行う必要があるのである。このように、交渉相手がアンカリングの概念を知っている場合、あるいは知らなくても経験的に理解している場合には、アンカリング戦術は簡単には効かないことになる。

アンカリングの効果的な使い方2
＊留保価格を探る

　このアンカリング戦術は、相手の留保価格ギリギリのところにアンカリングするというものから、自分の留保価格を知られずに相手の留保価格を正確に推測する、という次のレベルに移行することになる。相手が自分の留保価格を探り出す前に、自分が相手の留保価格を探り出して、自分から先にアンカリングしてしまい、そのアンカリング点からなるべく動かないようにすることが比較優位につながることになる。

　では、さらに考えをもう一歩進めて、相手の留保価格はどうしたら探れるのだろうか。交渉に手慣れた人間は、通常は留保価格については明かさないので、何らかの工夫が必要になる。

　一つはもちろん事前調査である。消費者レポートを見てもよいし、口コミ情報を仕入れてもよい。BATNA 形成戦術で述べたように、実際には買うつもりのない相手とダミーの交渉をしてもよい。相手の留保価格を推定するのは、交渉の準備の基本である。

ちなみに、留保価格は交渉相手の特殊な事情によっても異なる。中古車売買の例でいえば、特別キャンペーン期間や期末目標達成寸前の場合には、たとえば売り手の留保価格が下がることがある。このような特殊事情は、交渉中にはアクティブ・リスニング（積極的聴取）という技法や質問技法を用いることによって探ることができる。アクティブ・リスニングは、自分からしゃべるよりも相手にしゃべらせ、その間の心理的余裕を使って、相手の言動を論理的に分析するという手法である。

　質問技法は、相手の言うことがおかしいと思ったり、意味不明だと思ったりしたら、手を変え品を変え、どんどん質問をしていくという手法である。これらの手法は相手のハッタリを見抜く上でも有効である。

留保価格を探る戦い

積極的聴取　vs.　質問技法

相手もアンカリングを
してくることを忘れずに

アンカリングは自分から先に行ったほうが有利である。しかし、相手に先にアンカリングされてしまった場合、どうすればよいであろうか。特に、自分に非常に不利なアンカリングをされてしまった場合の対策を考える必要があろう。

対策の第一は、相手のアンカリングを無視することである。これは単純に聞かなかった振りをする場合と、相手のプライドや感情を傷つけずに笑い飛ばす方法がある。聞かなかった振りをする場合、敏感な相手ならこの交渉相手は楽ではないと再考し、真面目に仕切り直してくるであろう。「これは何かのジョークですか」と大げさな仕草で笑い飛ばせば、相手はより仕切り直しが容易になる。単純に聞き流して、聞こえなかった振りをしてもよい。

もちろん、「どうしてですか」「別の店ではいくらいくらでしたよ」「交渉をやめてもいいのですよ」と正面切って反論することもできるが、言い方によっては「挑発的説得」と受け取られる。この場合、返報原則が働くので、相手からより硬い反応を引き出すだけになって、「議論に勝って、取引を失う」恐れもあり、あまり生産的ではない。

対策の第二は、同じ程度の極端な対抗価格を提示する、つまり反対側にアンカリングすることである（逆アンカリングという）。交渉では最初の提示価格が主たる降錨点となるが、対抗価格も従たる降錨点として、最終合意価格にある程度影響する。中古車売買の例で、たとえば落としドコロが550万円だとしよう。この時、買い手が「520万円でどうですか」と言ってきた場合には、反対側に差額30万円を提示して、「580万円くらいで売る車なのですが」と言えばよいことになる。もちろん、それ以上の値を言ってもよい。ただし、これは事前準備をしていて、落としドコロがある程度の正確さでわかっている場合に限られる。

　次の例を見てみよう。

輝く金のネックレス

　アジアのある国への出張で、Aさんは仕事が予想外に早く片づいたので、後は観光をしてから日本に帰ろうと思った。町をブラブラしていると、街頭で物売りに金のネックレスを買わないかともちかけられた。

日本の街頭で金のネックレスを買うことはありえない
が、妻への土産に何か買わなければならないと思って
いたので、とにかく話だけは聞いてみようと思った。

　物売りは言葉巧みに、ネックレスの良さを強調して
いる。「売値はいくらか」と尋ねると、500 米ドルだ
という。モノをじっと見て、通常、原価は売値の３分
の１くらいだ。せいぜい 300 ドルくらいかなと思っ
た。最初の価格は吹っかけてきているに違いないので、
「100 ドルでどう？」と言ってみた。相手は大げさに
驚いて見せて、「350 ドルが精一杯だ」と言ってくる。
一気に 150 ドルも下げてきた。やはり吹っかけていた
のだなと思って、「もうちょっと安くなるなら出せる

かもよ」と言ってみた。相手は別のネックレスを見せたり、別の店では安くても 400 ドルで売っているなどと言う。 そのまま黙ってじっと聞いていると、これが売れないと妻や子供を養えないとか、場所代さえ払えないなどと言いながら、何回か値段を下げてきて、A さんに譲歩を迫ってきた。そこで 250 ドルまでなるべく小刻みに上げることで粘った。とうとう最後に相手は 300 ドルでどうだと言ってきた。A さんは財布を開いて、「ほら今現金は 280 ドルしかないよ」と言った。相手はあきれて怒ったような顔をして、「あなたには負けたよ」と言い、結局、280 ドルとネックレスを交換した。生きていくのは大変だと言わんばかりの相手の顔が印象的だった。

A さんは、この交渉には勝ったと思った。500 ドルを半分近くにマケさせたのである。相手は 220 ドル譲歩し、自分は 180 ドルしか譲歩していない。最終決着価格は予想価格の 300 ドルを下回っている。しかも、最後のひとふんばりもした。伊達にビジネスマンを二十年やっているわけではない。相手もあれ以上の

譲歩はしなかったであろう。反応を見ても、相手が負けたように見える。したがって、私の勝ちである。Aさんはこのように考えた。

　意気揚々としてホテルに向かった。通り道、別の場所で同じようにネックレスを売っているのを見つけた。若干気になったので、覗いてみた。するとどうだろう、今買ったばかりのネックレスと全く同じものが150ドルで売っているではないか。売り子に聞いたところ、「本気で買ってくれるなら、もう少しマケるよ」などと言う。金の純度が違うに違いない。さっそく買ったばかりのネックレスを出して、売り子に見せてみた。

なんと、全く同じ工場から仕入れた同じ物だという。がっかりしてホテルに着いた。ボーイに見せて相場はいくらかと聞いてみた。「金に見えるが、中身はほとんど真鍮ですよ。よく日本人は被害に遭っています。せいぜい10ドルくらいの価値ですね」

このケースでは、準備をせずいきなり交渉に入ってしまったので、相手のアンカリングを受け入れてしまい、知らず知らずのうちに相場が300ドルくらいだと判断したのが、まず大きな間違いである。重要なのは、この交渉ゲームの構造がはじめから反対側への合理的なアンカリングを許さないようになっているということである。10ドルのものを、500ドルといわれては、反対側にアンカリングしようにも、マイナス480ドルとは言えないので押し戻すことができない。交渉に引き込まれた段階で、勝負はついていたといえる。準備をしっかり行っておけば、交渉初期の人間観察で相手が悪質だと判断し、交渉を一時停止するか、相手を変えることができたはずである。もちろん、こういう交渉には引き込まれないことが最も重要である。

アンカリングの効果的な使い方3
＊コントラスト効果

　アンカリングには、もう少し、微妙な使い方がある。ある不動産販売会社で聞いた話であるが、アパートを探している客がきた場合、いろいろ話を聞いた上で、だいたいこの物件がいいのではないかと思っても、いきなりその物件を見せることはないそうである。むしろ、似たような予算で、もっとみすぼらしいものを最初に見せ、次にモノはいいが予算上無理な物件を見せる。その後で、はじめて当初から考えていた物件を見せるのである。こうすると凡庸な物件であっても、アンカリングによる印象操作により、相手にはより魅力的に見えることになる。

3 返報原則の応用戦術

　返報原則が、人種や文化を問わず、世界のどこでも見られる普遍的原則であることはすでに述べた。交渉にはこの返報原則が強く働くので、この返報原則をうまく使うことによって、自分が目指す利益を実現することが可能になる。金のネックレスの事例でも明らかなように、交渉ゾーンの中では、交渉ダンスという現象が起きるが、これは返報原則の表れである。交渉当事者の一方が価格面で譲歩し、それを受けた相手がやはり譲歩する、そして合意が成立するまで互いに譲り合う、というものだからである。自分が譲ることで、相手が譲り返してくれば、返報原則にのっとって、相手も行動していることになる。ちなみに、この交渉ダンスは期待通りの行動なので、予測可能性が生じ、当事者間に信頼（安心）が生まれることになる。

　　　　3章　正当な交渉戦術

...そして生まれる信頼

　返報原則を応用したものに、無料試供品の供与という
セールス・テクニックがある。無料の試供品を断る者は
少ない。A社は、化粧品や家庭用品など、いくつかの製
品をパックにして、各家庭に無料試供品として配布して
いる。正確にいうと、無料で試供するのではなく、「48
時間だけ置かせてください。後でとりに参りますので、
その間は自由にお使いください」という。48時間後、
試供品の回収と注文をとりに行く。この時、ほとんどの
家はごくわずかの試供品しか使用していないにもかかわ
らず、注文する確率が高いそうである。これは無料試供
品を受けたことが相手の心理的な借りとなり、そのお返
しとして何らかの注文をしなければならないという圧力

が働くからである。もちろん、使用されなかった試供品は無料試供品として再使用されるので、無料試供品のコストは意外に小さいとされる。

　また、ブティックには、「〇〇アドバイザー」という相談係がおかれていることがある。これも返報原則の応用である。この無料相談を受けると、さまざまなアドバイスがもらえる。この無料でもらった情報に対して、たいていの客は無意識に何らかのかたちで、お返ししなければならないと感じるのが普通である。あるいは、無料で惜しみなく情報をくれたことによって、相手に対する信頼が生まれることもある。その結果、無理に製品を押し売りしなくとも、売り上げが増えることになる。もちろん、相談係の人件費との対比が必要であるが。

　これらのテクニックはアンカリング同様、使われた側に意識させないところに意味がある。一種の認識操作なのである。

4 信頼関係の構築

　利益交換型交渉も創造的問題解決も、いずれも交渉当事者間で情報の交換をしなければ実現しない。利益交換では、隠れたパイを発見する必要があるが、相手からの情報提供なしには難しい。また、創造的問題解決では、真の問題が何か、本当の利益は何かを特定する必要があるが、それにはやはり情報交換が必要になる。そして、情報を交換するには、その前に信頼関係の構築が必要であるということになる。

また、分配型交渉でも最低レベルの信頼関係がなけれ
ば、相手の言うことすべてを疑わなければならなくなり、
交渉はおろかコミュニケーション自体も成立しない。契
約書を交わすにしても、相手が持つ情報のすべては分か
らないので、すべてを文章化することもできないし、相
手が契約通り行動するかどうかを24時間監視すること
もできない。だから、最低限の信頼関係の存在は、分配
型交渉でも交渉自体が成立するための必要な条件なので
ある。

通常は能力と悪意の不存在を意味する

　信頼とは何かという難しい質問に一言で答えるなら、
それは能力と悪意の不存在である。

　新車と中古車を比べれば、新車の方が信頼できる。新
車は厳格な検査などを経て発売されることから、能力（性
能）が均一で高い。一方、中古車は最初の所有者がどう
いう乗り方をしたかによって性能が変わってくる。だか

ら新車の方が中古車よりも性能が高く、期待を裏切らないということになる。

　もう一つの信頼の意味は、最低限相手に悪意・害意がないこと、できれば誠実・正直であること、また、相手の行動が予測できることである。子供の頃から知っているから、同郷だから、あるいは家族や友人として付き合いが長いから性格をよく知っており、行動も予測できるというなら、その人は信頼できるということになる。つまり、こちらの側が相手に対して持つ自信の程度が信頼と呼ばれるものなのだ。

長期的関係継続の期待が大事

　もう少し深く考えると、本当に重要なのは長期的関係継続の期待である。ビジネスでも人間関係でも、長い付き合いが存在し、これからも存在すると期待されれば、悪意・害意のある行動はとらないからである。反対に、もう付き合いがなくなると思ったら、普段は信頼できる相手でも裏切るかもしれないのである。

信頼関係を築くには

　情報交換をするためには信頼関係の構築が必要だと言ったが、実は信頼関係を築く最も簡単な方法は、こちらから積極的に情報を提供することである。もちろん、こちらの予算や取引原価などは開示してはいけない。しかし、相手に与えても致命的にならない情報を小出しに与えることで、相手も一定の情報を出してくることになる。返報原則が働くからである。

反対に相手の行動に疑心暗鬼になって何も情報を出さない態度をとると、それが相手に伝わり、相手も同じ態度をとる。そして、不信のスパイラルが始まることになる。その結果、「やはり相手は信用できなかった」ということになりやすい。が、これは予測の自己実現の一種である。あなたの予測が当たったのではなく、あなたの疑心暗鬼的な行動が、相手の疑心暗鬼的な行動を誘い、その結果予測が実現してしまったのだ。

危険な兆候が見えたらすぐに撤退しよう

　信頼関係を構築するには、一定のリスクを取って致命的ではない情報をこちらから出すことが必要だ。しかし、こちらがあえて情報を与えても、相手が情報を出さないこともある。それどころか、逆手にとって、優位性を築こうとする相手もいるかもしれない。

　このような兆候が見えたら、すぐさま交渉相手を変えることも含めて検討し直すことが必要だろう。このような危険な兆候に気付くには、人間力が必要なことも事実だ。そして、逆説的な言い方になるが、人間力のある人は、撤退のタイミングをつかめるので、相手を積極的に信頼することができるのだということになる。

4章

きわどい交渉戦術

　交渉戦術の中には、正当な戦術とは別に、倫理的に問題になりえる「きわどい交渉戦術」ともいうべきものが存在する。

　これらについては、相手が用いてきたときに十分な防衛・対抗をしなければならない。また、自分がうっかり無意識に使うことによって、相手が怒り出し、致命的な関係破壊をもたらす危険もある。

　この2つの意味で、その意図やどういう原理を用いているのかを含めて、理解しておく必要があるだろう。

1 「情報」や「認識」は常に誰かに操作されている

　交渉が難しいのは一般の意思決定と異なり、交渉中に交わされる言葉や情報自体の信頼性が問題になるからである。これは、相手の言うことの内容を理解するだけでなく、その言葉をそのまま受け取ってよいかという情報自体の信頼性も同時に判断しなければならないということである。

　信頼関係の重要性が強調されるのは、この負荷を下げるためである。つまり、相手の言うことに嘘が混じっているとすると、会話が A、B、C、D と進展するうちに、どこからどこまでが真実で、どこからが嘘なのか、判断が難しくなる。また、相手の言うことがすべて嘘だとすると、約束を守るかどうかという以前の問題として、コミュニケーション自体が成立しなくなる可能性もある。

　一方で、一定の信頼関係があるからと言って、相手がすべて正直に話しているという前提を置くことは危険であろう。そこで、情報の信頼性という観点から、交渉中に交わされる言葉や情報を簡単に分類しておこう。

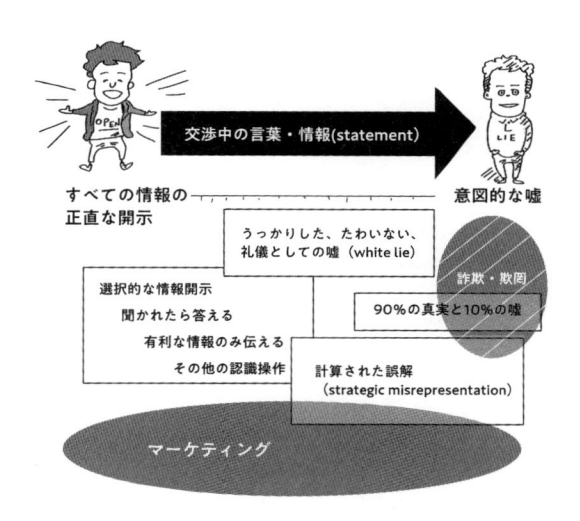

うっかりした、たわいない、礼儀としての嘘（white lie）

選択的な情報開示
聞かれたら答える
有利な情報のみ伝える
その他の認識操作

交渉中の言葉・情報(statement)

すべての情報の
正直な開示

意図的な嘘

詐欺・欺罔

90%の真実と10%の嘘

計算された誤解
（strategic misrepresentation）

マーケティング

　上の図の太い矢印の意味は、左端がすべてのことを正直に話す状態を示し、右に行くほど虚偽の割合が高まることを示す。右端は意図的な嘘で、詐欺・欺罔（きもう）の犯罪レベルである。

　その前には、うっかりした嘘（外出を誘われたが、本当に用事があると思ってそう答えたら、1日ずれていた）、たわいのない嘘（外出を誘われたが、行く気がしないので、宿題があると答える）、礼儀としての嘘（本

当は会いたくない相手とパーティーで一緒になった時、「久しぶりね、最近お顔を見ないので、どうしているのかと皆で気にしていたのよ」と答える）といった類の軽い嘘がある。

　問題になるのは、これら以外に実際にはいくつかの中間段階が多数存在することである。特に、人を雇いたいと思っているという組織や、消費者にモノを買わせたいと思っている事業者は、あの手この手で相手の認識操作を図ってくるので気を付けたい。

選択的な情報開示

　自動車メーカーにおける就職面接を例にとる。Ａ君が学生で、Ｂさんが就職の面接担当で１対１の面接だとする。背景としては、ライバルの別会社が燃費の検査データを偽造し、スキャンダルになっているとしよう。そして、この会社でも内部的には検査データの偽造が問題になっているのであるが、もちろん、その情報は社外には出ていない。

　この時、Bさんが A 君から聞かれもしないのに、会社の内部情報の話までするのが、最も正直な対応であろうが、こんなことはあり得ないであろう。次に正直なレベルは、選択的な情報開示と言われるもので、これにはいくつかの段階がある。

　一つ目は、自分からは積極的には言わないが、聞かれたらすべて正直に答えるというもので、A 君から「御社も検査データの偽装をしているのではないですか」と聞かれた場合に、B さんが知っている限りのことをすべて正直に話すというものである。これも裁判以外では、実際にはあり得ないであろう。

　次は、自分に有利な情報のみを相手に与えるというものである。B さんの会社の業績が最近非常によいこと、次世代の電気自動車の開発や自動運転技術でも先端を行っていること等を話し、検査データの話からなるべ

く相手を遠ざける対応である。それでも、データ偽造について聞かれたら、「私は担当ではないので知りません。でも、私はそういう話は当社には一切ないと信じています」と答える。「一切ない」のではなく、「ないと信じている」という自分の信念を語っているので、後で問題になったら「嘘ではない」と言えることになる。

　一般的な商品の広告では、利点のみを強調するのが普通である。むしろ、強調するという形で誇張されることがあるかもしれない。

計算された誤解

　計算された誤解 (Strategic Misrepresentation) とは、消費者が誤解するように仕向けたり、誤解を放置したりすることをいう。わかりやすいのは、グルコサミンを飲めば、腰痛や膝痛（変形性関節症）がなくなるという健康食品の宣伝であろう。年齢を重ねれば、関節や軟骨中のグルコサミンが減るのは事実であり、グルコサミンの一種であるヒアルロン酸を関節に注射することは、関節痛

を抑える上で医学的な有効性が認められた治療法である。しかし、それを口から飲んで、関節痛に効くというのは計算された誤解である。年齢とともに不足するから、飲んで補えば、治療効果があるとする「誤解」を、はじめから計算して宣伝しているのである（なお、必ず小さなテロップで、「個人の感想であって、効能効果を保証するものではありません」と言い訳がされている。明治大学科学コミュニケーション研究所の「疑似科学とされるものの科学性評定サイト」によれば、「治療効果をほとんど期待できない」となっている）。

90％の真実と10％の嘘

　詐欺・欺罔（きもう）に最も近いのが、この90％の真実と10％の嘘（「葉を隠すなら森に隠せ」も同じ）である。これはまず、非常に役立つ真実の情報を多く相手に与え、信頼を得ておいて、そこに10％の嘘を忍び込ませるのである。初期段階で、惜しみなく有益な情報をくれるので、つい相手を信じてしまい、紛れ込ませた嘘に気がつかない。

　なお、商品の場合、売り手は消費者に買わそうと必死である。ブランドの新品であれば品質保証は不要であるが、中古品だったり保証のない商品だったりする場合、

商品自体についての知識・情報は売り手にしかないので（情報の非対称という）、買い手が注意を払わねばならない。英語では Buyer should be aware（ラテン語で Caveat emptor）が強調されている。

2 きわどい交渉戦術は日常的に使われている

　さて、きわどい交渉戦術は倫理的な問題を生じさせる。次の例で、交渉と倫理について考えてみよう。

人員増加のチャンス

　あなたは事務部門の長である。部下は皆真面目だが、とりたててモラルが高いわけでもなく、淡々と決められた事をしているだけと言ってよい。スケジュールに対しては遅れ気味ではあるが、ほぼ与えられた量の仕事はこなしている。もう一人いれば完全にこなせるし、余裕もでるだろう。部下たちもそう思っている。会社の業績は厳しい状態が続いているが、次期は人を増や

すことができるという話を聞いた。近く会議があり、この問題を話し合うことになっている。会議でどういう態度をとるかについては、いくつかの選択肢がある。

1. 組織全体のことを考え、人員増加は収益に直接貢献している他部門に譲ると言う
2. あと一人いれば、スムーズに仕事がこなせると主張する
3. あと一人いないと、スムーズに仕事がこなせず、会社全体に悪影響が出ると強調する
4. 部下に、「大事なのは仕事をさっさと片づけることではなく、一つ一つ手順を踏み、正確に丁寧に完成さ

せることだ」と強調して話し、意図的に仕事の遅れを出して、自分の主張の根拠にする
5. 部下に状況を話し、仕事が多くて大変だという噂を一丸となって流させる

　あなたが事務部長なら、上記の 1~5 のどれを選択するであろうか。この段階で、まず答えをノートに記録しておこう。また、特定の選択肢を意識的に選択する理由、選択しない理由も書いておこう。もちろん、1~5 以外の態度をとってもよい。

　さて、人員に関する会議の直前、総務に用事があって行ってみた時に気がついた。総務の人間の大半は、暇そうにお茶を飲んでいた。ところが、会議に出てみると、総務部長は自分のところは忙しくてたまらず、いかに人員増加が必要かを力説していた。
　これを聞いて、あなたの当初の選択は変わるであろうか。変わるとすれば、その理由も明確にしておこう。

　交渉の世界では、多少の情報操作や認識操作は当たり前とも言える。もちろん、談合やカルテルを形成したり、医薬品でないのに「医薬品」の表示をつけて売ったりすることは、法令に違反するかどうかの問題であって、倫理の問題ではない。しかし、違法でないから何をしてもよいというのではなく、合法であっても倫理的に問題になる交渉戦術が存在する。

　たとえば、昔の話になるが、必ず値上がりするからと言って高齢者と取引した商品取引会社が、社会的に制裁されたことを覚えておられる読者もいるに違いない。

　ただ、実際にはどこまでが倫理的に許される交渉戦術

なのか、どこからが許されない反倫理的なテクニックなのかの判断は意外に難しい。たとえば、明白な虚偽報告は、倫理に反することは明らかであろう。しかし、現実には大げさな広告や買ってもらうためのセールストークは、いたるところにある。しかも、誇大広告・宣伝とそれ以外のもの、たとえば戦略的に誤解を招く表現、用語的不正確（Terminological Inexactitude）、表現の綾、思いやりとしてのウソ（White Lie）、相手の誤解の放置、あいまいな返事（Prevarication）などと明確な虚偽の境界はあいまいである。自社に不利なことでも、聞かれれば正直に答えるが、聞かれない限り積極的には教えることはない、というかたちで妥協する人もいる。

本書では、特定の倫理観を交渉に持ち込み、「交渉戦術のこれは倫理的には許容範囲内だが、あれは範囲外である」などという議論をするつもりはない。倫理観は人によって異なっており、特定の倫理を相手に押しつけたり、あるいは論理的に説得したりすることはきわめて難しいと考えるからである。

　以下、まず仮に反倫理的な交渉戦術があるとして、それらを正当化する議論を簡単に紹介し、個人倫理の立場から交渉戦術と倫理の関係を考察しよう。

倫理正当化理論（ゲーム倫理論）

　ビジネスには個人倫理とは異なる倫理の実践が存在するという主張がある。スポーツを考えてみよう。野球のキャッチャーはストライク・ゾーンギリギリのボールを受けるときには、審判からストライクの判定をもらいたいがために、ストライク・ゾーンに引っ張り込むようなボールの受け取り方をする。テニス・プレーヤーは、相手が返球できない点をわざと突いてくる。バスケット

ボールのディフェンスは、審判に見えないように相手の
シャツを引っ張って、シュートの妨害をする。マイケル・
ジョーダンは、現役最後のシュート直前に、ディフェン
スをかわすため、肘で相手を押していた。ボクシングの
モハメッド・アリは、試合を自分に有利に導くため、パ
ンチを出しながら相手の母親の中傷・誹謗を繰り返して
いた。これらは、ルール違反であったり、そうでなくと
も紳士的とは言えない行為であったりするが、勝負には
つきものである。ゲームの倫理は個人倫理・社会倫理と
は異なる、ということに異論を唱える人は少ない。

　これと同じように、ビジネス交渉にもゲーム倫理が当
てはまるとする人々がいる。ビジネスは競争なのだから、
広告が大げさなのは当たり前である、他社との取引をネ
タに価格譲歩を迫るのは当然である、と正当化する。冒
頭の人員増加の事例では、頻繁に起こるゲーム の一種
であると主張するに違いない。

防衛論

　二番目の正当化論は、自己防衛である。暴力には、正当防衛が認められている。相手が交渉で脅かしてきた場合、脅かし返すのは当たり前である。したがって、脅かしやウソが常に悪いのではなく、状況によっては許容されると説く。ある意味で、非常にわかりやすい。細かな説明は必要ないであろう。人員増加の例でいえば、周囲の他の部の部長が皆おおげさに人員増加の必要性を訴えているのだから、自分もそうするのが正当であると考えることになる。

期待トラップ

　誰も実績のない相手とは取引しない。しかし、誰かが取引しない限り、実績は永久にできない。だから、最初の取引を獲得するためには、なんらかのジャンプが必要である。

　うまくいくと本人が確信し、そのように表現しなければ、相手を説得することはできない。したがって、「もしこの取引がうまくいけば、こういう会社になります」というのを相手が信じれば、まさに、それが引き金となって最初の取引が実現する。逆に、相手に失敗すると思われると、実際に起業は失敗するのである。このような状況の中で、なんとか最初の取引を実現しようと必死に努力するうちに、期待と現実を混同し、「私に任せてください。必ず成功します」とかいう、結果的には相手には印象操作と映るような言動が生じることになる。これを期待トラップというが、このような印象操作が常に反倫理的であるかが問題となる。

　実際、創業にまつわる小さなウソは、社会から受け入れられていると考えたほうがよい。家のオフィスに電話

がかかってくると、オフィス街の録音テープを回して場所を錯覚させる、自分ひとりで始めた会社なのに「われわれ」という表現を使う、エキストラを雇って会社を忙しく見せる、預金口座に見せ金を用意する、履歴書にかっこ悪いことは書かない。これらの細工は、ほほえましい例である。

　このように、実際以上に自分や自分の会社をよく見せるという印象操作は、日常的であるし、ある意味では必要悪である。現在の老舗も、かつては取引実績のないベンチヤーだったはずである。ウソには短期的には効用があるが長期的には存在しえないとか、ビジネスでも倫理的完全性があるなどという発言自体がウソに近いという指摘もある。

3 なぜきわどい交渉戦術を知る必要があるのか？

　交渉では利益の対立が当然予想される。常に利益交換型交渉や創造的問題解決が可能であるとは限らない。相手の利益の犠牲なしに、自分の利益の実現は不可能な場合もある。交渉問題自体が分配型交渉であるとき、あるいは問題自体は分配型交渉問題ではなくても、交渉当事者が固くそう信じているとき、その人は相手の利益には関心を払わず、自分の利益の最大化を図ろうとする。

　そのような場合に用いられ、倫理的に問題となりえる交渉戦術を総称して、本書ではきわどい交渉戦術ということにする。

　その内容は、明らかに汚いと思われる交渉戦術から正当な交渉戦術との差が微妙なものまで、実にさまざまである。このとき、どこまでが許される交渉テクニックなのかの判断は難しい。共通する特徴は、これらの交渉戦術を用いた場合、現実問題として、思ってもいない不利

益が生じる可能性があるということである。

　たとえば、交渉相手が交渉戦術を熟知している場合には、ちょっとしたきわどい交渉戦術の利用でも相手はすぐさまそれを見抜き、きわどい交渉戦術で応酬してくる場合がある。場合によっては、信頼関係が破壊され、不合理なエスカレーションが起こり、交渉自体が暗礁に乗り上げることになる。逆に、交渉相手がきわめて素人の場合、自分では正当な交渉戦術であると思っていても、相手には「汚いテクニック」と映り、相手が交渉を一方的に打ち切ってきたり、人間関係が破壊されたりする可能性がある。「きわどい」という言葉は、そのあたりの事情を込めた言い方である。

予防するため学ぶ

なぜ、きわどい交渉戦術を知ることが重要なのであろうか。これは「二つの意味の予防」に尽きると思われる。

まず、きわどい交渉戦術を知らなければ、それを実際の交渉で相手に使われた場合、思わぬ利益を失うことがあるからである。しかも、きわどい交渉戦術を行使されたことすら気がつかない可能性もある。逆に、知っていれば少なくとも相手の意図を察したり、次のステップを予測したりすることができよう。

次に、自分がきわどい交渉戦術を用いる場合にも、そのきわどさを知っていれば、知らずに使うことによるマイナスを避けることができる。

以下、きわどい交渉戦術には、どのようなものが存在するのか、またきわどい交渉戦術は交渉におけるどのような原理を活用しているものなのか、さらにそれぞれのきわどい交渉戦術に対する対症療法的な策を示しておこう。一般的な対策は、その後にまとめて議論する。

4 きわどい交渉戦術の具体例と対策

　きわどい交渉戦術にはさまざまな種類があり、それらを単一の基準で漏れなく重なりなく分類するのは容易ではない。正確さにはあまりこだわらず、きわどい交渉戦術を分類列挙すると、以下のようになる。結構な数の多さに驚かれるかもしれない。

(1)　迎合的関係の形成
(2)　ゲームズマンシップ
(3)　約束と脅かし
(4)　擬似説得的主張
(5)　感情の人質
(6)　ローボーリング
(7)　ベイド・アンド・スイッチ(釣った魚に餌はやらない戦術)
(8)　最後通告・通牒
(9)　チキンゲーム(瀬戸際戦術)
(10)　グッドガイ・バッドガイ戦術
(11)　権限のない振り戦術
(12)　交渉者の交代
(13)　「拒否させて譲歩獲得」戦術(ドア・イン・ザ・フェイス戦術)
(14)　二段階要求戦術(フット・イン・ザ・ドア戦術)

(1) 迎合的関係の形成

　これは相手からより多くの譲歩を引き出すための戦術で、①お世辞・取り入り (Flattering /Brown-nosing)、相手の意見への同調（イエスマン）、②頼まれる (Favors/Ledgers)、③中元・歳暮・プレゼント等の贈り物の供与がこれにあたる。

　もちろん、これらの行為が常にきわどい交渉戦術であるのではない。中元・歳暮などは、もともとは世話になった相手への純粋な感謝の気持ちとして贈るものである。しかし、これらは使い方によっては、相手の利益の犠牲を伴うという意味で、きわどい交渉戦術になりえる、あるいは少なくとも相手はそう思っているということである。①は好感を利用しており、②と③は返報原則を応用している。順に見てみよう。

　まず、①のお世辞はセールストークの基本である。気に入った衣服を買おうとしている女性に対し、「その服はまったく似合いません」という売り子はいないであろう。むしろ、「お客様の感じでは、コレコレこういう服

が似合いますよ」「この服はあなたを待っていたようですね」というアドバイスをしながら、気に入った服を買ってもらうというのが基本である。気に入れば、自然と財布の紐が緩むという狙いがある。しかし、本当に似合っているかどうかは別として、店内の最も高いものや売れない服を買わせるために、このようなお世辞が使われることがある。

これは友人から聞いた話であるが、ゴルフショップへドライバーを買いに行ったところ、友人の筋肉質の体格を見た店員が、二階の試打コーナーに連れて行き、ヘッドスピード・メーターをつけたドライバーを友人に振らせたそうである。周知の通り、ドライバーの飛距離はゴルファーなら誰でも伸ばそうと懸命に努力しており、新しいドライバーを買う動機のほとんどは飛距離アップである。

さて、思いきり振ってみた。なんとヘッドスピードは50メートル／秒超が出た。店員は「プロ並みのヘッドスピードです。普通のクラブではお客様の体力に合いません。こちらをどうぞ」と言って、より高級なクラブと

最適なシャフトを勧めてきた。気をよくした友人は、ドライバーだけではなく、スプーンやユーティリティーを含めて20万円近くをはたいた。ところが、ついでに買ったヘッドスピード・メーターを設置して、家で測ってみたが、以来50メートル/秒近く出たことは一度もないそうである。新しいクラブに変えて、飛距離がアップしているとも思えない。

　②の「頼まれる」というのもよく使われる戦術である。これは返報原則を悪用したものである。過去の話ではあるが、製薬会社のMR（Medical Representative）が、自社製品を大量購入してくれる大病院に勤める医師の自宅の引っ越しまで手伝ったり、これは笑い話に近いが、預金を預けてほしい銀行マンが田植えまで手伝ったりといろいろである。いずれも、いったん恩義を売っておいて、あるいは相手に借りを作らせて、後でそれを利用する戦術である。
　私も経験がある悪質な事例に、押し売りめいた赤い羽根募金運動がある。駅構内で友人との待ち合わせのために佇んでいたところ、募金運動者が近づいてきて、いき

なり私のネクタイに赤い羽根を挿したのである。しかも、細工がしてあり簡単に取れない。戸惑っているうちに、周囲に聞こえる大きな声で「募金ありがとうございます」という。この場合、赤い羽根を返すことができないので、寄付を拒否するにはかなりの勇気が要る。

　もちろん、このような強引な商法は長続きしない。このような経験をすれば、たいていの人は遠くから募金運動者を見ただけで、近づかないように迂回するようになるからである。真面目な募金運動まで、同じような扱いを受けたとしたら残念である。
　③の中元・歳暮については説明不要であろう。これらがきわどい交渉戦術にあがっていること自体に不快を感じる読者もいるかもしれないが、あえてこれらをあげた

のは、欧米では少なくとも明確に、きわどい交渉戦術であると認識されているからである。

　このプレゼントについては、私にも苦い思い出がある。シカゴ大学で博士号取得に向けて研究していた頃、久々に日本に一時帰国した。ちょうどその頃、事務のヘッドが転勤になったので、新しいヘッドに日本からのお土産としてカード型電卓をあげた。私自身こういうことは格別必要ないと思っていたが、「人にモノをもらって嫌がる人間はいない」という友人の勧めに従って贈った。

　通常アメリカ人でも、こういう場合、「こういうことは必要ないよ」と言いながらも受け取ってくれるものである。企業の訪問調査を行う場合では、アメリカでも善意の証（Expression of Good Will）として小さな贈り物が喜ばれることが多い。しかし、このヘッドはあげたとたんに態度が急変し、怒り出してしまった。「見返りに何を期待しているのか」という言い方である。「別に賄賂ではありません。日本人の習慣です」と必死に主張したが、以後気まずい関係になってしまった。人間関係を円滑にと思って何気なく行ったことが、裏目に出てし

まったわけである。日本を「賄賂社会」であると思っているアメリカ人もいるということであろう。

　これらの戦術に対処する方法は比較的簡単である。冷静な判断を失わないように気をつけていればよい。アドバイザーを装った販売については、第三者を連れていき、本当に勧められた商品を買う必要があるのか、その都度確認するという手がある。

(2) ゲームズマンシップ（Feather Ruffling）

　交渉を心理戦としてとらえると、こういうテクニックが生まれることになる。①イライラさせる、怒らせる、②交渉テンポや態度を変える、③能力に対する相手の自信を奪う（出鼻をくじく）、④タフな交渉になることを故意に予測させる、の四つである。

いずれも、狙いは二つある。一つは、自分の重要な情報を相手に知られずに、相手の情報を入手しようとしていることである。もう一つは、交渉相手の冷静な判断能力を奪うことである。

　①のイライラさせる、怒らせる戦術には、わざと時間に遅れる（決闘に遅れて行った宮本武蔵を想起すればよい）、窓のない蒸し暑い部屋で交渉する、聞こえないような小さな声でしゃべる、逆に突然どなったり机を叩いたりするなどがある。最も注意しなければならないのは、期限直前まで何もしないか、期限が切れる直前になって新しい交渉問題を追加したり、それまでの合意を反故にしたりする戦術（ちゃぶ台返し）である。相手にとって期限がなく、こちらにとってのみ絶対的な期限がある場

合、特に不利な結果を招くことが多い。

　アメリカ人が特に弱いとされているのは、ダンマリ戦術である。日本人以上に、沈黙に弱いため、一方的に譲歩してくる可能性がある。アメリカでは、日本人が得意な交渉戦術であると書く本もある。

　②の交渉テンポや態度を変えるのも、やはり情報操作や判断力麻痺を狙った戦術である。途中まで順調に行っていた交渉が、突然デッドロック（膠着）状態になる、しかもその理由が明白ではない、という場合、なんらかの追加的な譲歩を求めている場合がある。

　③の能力に対する相手の自信を奪うというのは、交渉相手の意欲度を下げたり、交渉の主導権を握ろうとしたりする戦術である。上司の前でわざと部下の非礼な態度を大げさに叱って見せたり、交渉の最初の出だしで、別にあなたのところと取引する必要はないとうそぶいたりすることに表れる。

　④のタフな交渉になることをワザと予測させるというのは、国際的な政治交渉によく見られる戦術である。たとえば、紛争中のＡ国とＢ国が、第三国で休戦交渉をする場合を考えよう。このとき、Ａ国が第三国のホテル

を交渉のために一年間予約し、その事実をわざとＢ国にリークするという戦術をとったときを想像すれば、理解は容易であろう。③同様、交渉相手の意欲度を下げるのがその目的である。

これらについても、戦術であることを認識すること、冷静さを失わないことの二点を守れれば、容易に対応できる戦術である。

次のコラムを読んでいただきたい。ある雑誌からとってきたものである。

明日からバケーションです

「明日からバケーションです。妻と子供を連れてカナダに行くので、今回はこれ以上交渉会議を続けることはできません」アメリカ企業Ｈ社のアメリカ人Ｓ副社長は、臆せずキッパリ言い切った。「エッ」日本人側からは思わず驚きの絶句が漏れた。

日本企業の社長、事業部長、そして顧問弁護士の３

人が、合意契約を一刻も早くまとめようと多忙の中、H社を訪問し、早朝から夜中まで三日間交渉を続けた後のことである。努力の甲斐があって、明日日本に帰国する前に、三時間程度詰めの話し合いをすれば契約はまとまるというところまできた。その交渉三日目の帰り際の発言だった。明日を逃すとしばらくは話し合うチャンスはない。しかも、合弁会社設立の日本での記者発表は、二週間後に迫っている。スケジュールから考えて、選択の余地はない。どうしても明朝最終会議をし、契約をまとめる必要があった。

　H社のコンサルタントをしていた者を含め、そこにいた日本人は、必死になってS副社長に頼み込んだ。「なんとか出発を半日遅らせて頂けませんか？今回契

約書を完成させることがどんなに大事なことか、副社長はよくおわかりのはずではないですか」。だが、S副社長は、バケーションの予定は絶対変えないと断固として言い張る。「私は出張が多くて、この一年間ほとんど家庭サービスができていません。このバケーションは三か月も前から決めて、妻も子供も大変楽しみにしています。バケーションのシーズンなので、今から航空券やホテルの変更はとても無理です。私にとって仕事も大切ですが、家庭も同じくらい大切です。もし、この旅行を取りやめたら、子供からは一生恨まれ、妻からは離婚を迫られるかもしれない。そのときあなた方の誰が私の家庭を守ってくれるのですか」。

　彼の家庭状況には一同同情はしたが、問題は彼からバケーションの話を、まったく聞かされていなかったことにある。しかし、これは決して稀なケースではない。アメリカ人にとってバケーションを取ることは人権の行使であり、当然のことである。困るのは、往々にして直前までバケーションの予定を言ってくれないことだ。だから頼みごとや仕事を依頼していても、突如「バケーションを取るのでしばらくできない」とか、

> ひどい場合は何も言わないで、仕事を放ったままバケーションに行ってしまう。したがって、アメリカ人相手に交渉する場合、組織の内外を問わず、絶えず（最低月一回）予定を聞いて、スケジュール上無理がないかをチェックすることが欠かせない。

　この記事は、アメリカ人のバケーションに関するもので、交渉に関するものではない。この中で、「問題は彼からバケーションの話を、まったく聞かされていなかったことにある」というのは、交渉担当者としてはお粗末な話である。交渉相手にどこまでの交渉権限があるのか、何時まで交渉できるのか（期限は何時か）というのは、交渉の冒頭で確認すべき初歩中の初歩である。基本的確認を怠ったという意味で、非は日本人側にある。もう一つの可能性は、相手が追加的譲歩を狙って、きわどい交渉戦術として、バケーションを利用したということであるが、この場合にも基本的確認を行っておけば防げた話である。

（3）約束と脅かし

　約束と脅かしは、アンカリングと並んで、最も交渉で多く使われる技法である。たとえば、「アンケートにお答え頂くと、抽選で〇〇が当たりますよ」というのは約束であり、買い物の場合に、迷っている客に、「早くお買いにならないと、売り切れてしまうかもしれませんよ」というのは、軽い脅かしである。この程度の言動であれば、相手が交渉過程で使っても驚かない場合も多い。

　また逆に、自分が使ってもきわどい交渉戦術であるという認識はないであろうし、信頼関係を損なうこともない。したがって、他の方法よりも一般的に効果的である。しかし、はじめから履行するつもりのない約束や脅かしは、十分きわどい交渉戦術となりえる。

　面白いのは、約束と脅かしのいずれの方が効果的であるかという問いである。答えは、脅かしと約束がもつ情報量を比較すると、脅かしの方が約束よりも多いため（見返りは決まっているが制裁は無限）、脅かしの方が約

束よりも効果的であるということである。約束するとき
の言いまわしと、脅かすかすときの言いまわしを比較し
てみれば理解は容易であろう。

（4）擬似説得的主張

　通常の説得は、客観的科学的事実の主張、信頼・権威ある筋（たとえば、政府統計）による説明の提供、第三者機関（各付け機関、オンブズマンなど）による公平・客観的な情報の提供等を通じて行われる。しかし、統計情報や「客観的情報」も使われ方しだいで、きわどい交渉戦術になる。よくある使い方は、①同じ主張を繰り返す、②一貫性のある主張をする、③社会的証明の原理を応用する、④個人の信用に訴える、などである。

　人間は、繰り返し提供される情報や、一貫性のある情報、重複した情報に接すると、それらが結局同じモノを違う角度から見ているものにすぎないとは冷静に判断できず、妙に説得力を感じてしまう。①と②は、その性質（一貫性幻想）を逆手に取ったものである。

　③の社会的証明の原理とは、われわれは何が適切な行動か迷う際に、他人の行動に判断の根拠を求める性質をいう。たとえば、東京都内の三田近辺の学生・サラリーマンが好んでいく某ラーメン屋には、壁や天井に顧客の名刺が多数貼ってある。これは客集めには、なかなか効

果的である。これだけ客が来るのだから、よい店なのだろうと皆推測する。また、寄付金箱に見せ金として、はじめからいくらかのお金を入れておく行為も、社会的証明の原理を応用したものである。これらは、きわどい交渉戦術であるとは言えないかもしれない。それでは、日本における映画の宣伝で頻繁に見る「アメリカでナンバーワン・ヒット」の広告、CD何百万枚売上実績の歌謡曲の宣伝、わざと入場客を制限して、店の周りに長い待ち行列を作って、美味しい店であることを強調するグルメ店などの行為は、どうであろうか。

④は「私を信じてくれ」「親の言うことが信じられないのか」、あるいは「私を信じられなくて誰を信じられるのか」というかたちで、アメリカ人が使うことが多い。このように大言されると、正面切ってノーとはなかなか言えない。ついつい相手の主張を飲んでしまうことになる。このきわどい交渉戦術は、①～③が人間判断の認知的性質を利用するのに対し、次に述べる「感情の人質」と同じく、躊躇という人間判断の感情的性質を利用していると言えるかもしれない。

　①～③に対する対策は、人間の意思決定（判断）の性質を理解するのが一番である。④に対しては、どんな

対策があるであろうか。これは躊躇せず「この件では信用は問題になっていません」と言うのがベストである。このような言い返し・切り返しをまとめた本もあるので、参考にするのも一考である。

(5) 感情の人質（Emotional Hostage）

　ビジネス交渉ではあまりないが、一般の交渉中に交渉当事者が激昂し、机を叩いたり、物を投げたり、あるいは今にも掴みかからんばかりの勢いで相手に迫ったりするシーンを映画などで見ることがある。もちろん、このような感情的爆発が自然と出る場合もあるが、計算された演技である場合も多い。

このようなきわどい交渉戦術を相手が用いてくる場合、狙いは四つある。

①こちらが何を考えているかの本音を聞き出そうとしている（情報収集）
②感情的示威活動として行い、交渉の主導権を握ろうとしている（心理戦における優位性の確保）
③こちらを動揺・興奮させ、冷静な判断力を麻痺させた上で、譲歩を引き出そうとしている（妥協誘導）
④第三者がいる場合には、世間体を気にする状況を利用して、譲歩を引き出そうとしている（妥協誘導）
のどれかである。

　②の例としては、車同士の路上での軽い接触事故で、最初に相手が大声をあげ怒り狂って車から降りてきた場合のことを考えれば、容易に理解できるであろう。動揺して思わず「すみません」と謝ってしまったら、以後ずっと主導権を取られ不利になる。③ないし④のケースとしては、泣き落としがある。デパートなどで、自分の欲しいものを買ってくれない親に向かって、泣きわめいてい

る子供の姿を思い浮かべればよい。「泣く子と地頭には勝てない」「抱き合い心中的脅かし」ともいわれる。このようなきわどい交渉戦術に対する対策は簡単である。冷静さを失わず、また相手にも効果がないことを悟らせることである。

(6) ローボーリング（Low Balling）

　ローボーリングというのは、最終コストよりも見かけ上、低い価格を表示することをいう。ライバル会社より低い価格の値札を自社製品につけておき、顧客が買うと意思表示した後で、高価な付属部品などを買わせるセー

ルス・テクニックである。トナーなしのコピー機、カートリッジなしのプリンタ、エアコン別売りの車、充電器別売りのデジカメなどが例である。本体の価格が安く設定してあるので購入すると、本体の販売メーカーのみが出している高い部品を買わないと継続的に使えない、あるいは消耗品が非常に高いということが、後からわかることがある。最初に買った本体を買いかえるわけにいかないので、やむなく高い部品・消耗品を買うはめになる。

　ちなみに、このような手を使う売り手は、最終的な購入の意思決定の前に、「これには〇〇がついていませんが、よろしいでしようか」などという説明をきちんとしていると反論するかもしれない。しかし、人間はいったん意思決定をすると、その後は自己の意思決定を正当化するような情報収集と自己説得を行いがちである。売り手は当然その性質を知っていて、最終的な意思決定の段階で翻意しないと踏んで、後で問題になった場合の言い訳として利用しているのである。

　なお、セールス・テクニックとしては、このローボーリングとはほぼ反対のものに、迷っている客に、「あなたにだけですよ」と言ってオマケをつけて、購買の決断

を促すテクニックがある。一種の返報原則の応用であるが、これはウソが伴わない限り、きわどい交渉戦術であるとは言えないであろう。この他、閉店時間間際ということで、特別値引きをしたり、期間限定、個数限定と言って商品の希少性を強調したりして買わせるテクニックも、比較的単純な認識操作である。

（7）ベイド・アンド・スイッチ
　　（釣った魚に餌はやらない戦術）

　これも非常によく使われるきわどい交渉戦術である。中古車販売などのオトリ広告が典型である。たとえば中

古車雑誌を見ると、非常にお買い得な車が大きく写真入りで出ている。たいがいは交通が不便な遠いところにある業者である。電話をしてみると、「まだ売れていないのでありますよ」と言われる。ところが、実際に行ってみると物件はない。聞くと、「ついさきほど売れてしまいました。その代わり、これはいかがですか。同じようにいい物件ですよ」という具合に、さして安くない他の物件をしつこく勧めてくる。もちろん、買う必要は全くないのであるが、こんな遠くまで来たからには、何か買わないと損をしたという気分になっている。はるばる遠くから来たという、自分の意思決定を正当化する傾向が人間にはある（サンクコスト効果と言う）。このような心理を突いてくるわけである。

　もう一つ車の例をあげよう。車のような比較的高価な買い物をする際、消費者は慎重になる。なかなか決断しない。そこで、顧客に早く決断させるために、「値段はそのままで、カーナビをつけます、純正シートもサービスします」などと「おいしい」話をして、いったん「では買います」と顧客に言わせる。その後で、営業マンは

「特別の取り計らいなので、所長に確認をとってきます」
と言って、奥に引っ込む。しばらくして戻ってきて、「大
変申し訳ありません。私のミスでした。カーナビまでは
付けられませんでした」と謝る。この場合、「それでは
話が違う」と言って、話を白紙に戻す客は少ないそうで
ある。なぜか。いったん、買いますと意思表示した以上、
一貫性のある行動をとらねばならないという無意識の圧
力が働くからである。

　もっと極端なものに、「おめでとうございます。〇〇
が当たりました。当社まで来ていただければ、景品を差
し上げます」という電話セールスがある。行ってみると、
形ばかりの品をくれるが、話の中身は旅行誌の購読セー
ルスだったりする。また、「今、『お好きな食べ物アンケー
ト』に応募すると抽選で〇〇が当たります」という広告
に乗せられて、アンケートに応募したとする。送られて
くるものには、「残念でした。抽選には外れましたが、
割引券を贈らせていただきます」とある。このアンケー
トの目的は、好きな食べ物別顧客名簿の作成で、社会調
査ではない。抽選で当たるはずの懸賞は、はじめから用

意されていない場合が多く、名簿は業者に売られ、割引券は特定レストランへ誘導するための道具として配布されているそうである。

　ローボーリングとの組み合わせもある。安いと思われたスキューバ・ダイビングのパッケージツアーで現地に行ったところ、ウェットスーツのレンタルは別料金と言われて、泣く泣く高いお金を払わされた例がこれに当たる。筆者にも似たような経験がある。ゼミ合宿専門の宿に行ったところ、現地で飲食物持ち込みパーティーは禁止していると言われ（当然、事前には知らされていない）、宿が用意する非常に高価なパーティー・セットを注文させられたことがある。

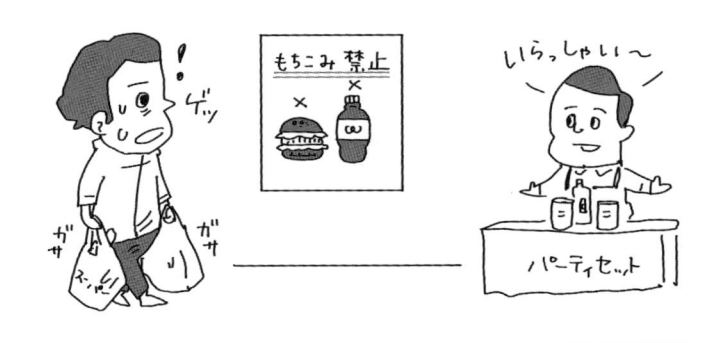

(8) 最後通告・通牒 (Ultimatums)

　最後通牒は、交渉段階の最後に近い部分で、「これが妥協できる最終ラインです」というかたちで出される最終案である。英語では Take it or leave it.（取るか去るか）ということから、同名の Take-it-or-leave-it-Strategy と呼ばれることがある。これが相手から出された場合、本当の最後通牒なのか否かを見抜くという難しいワザが要求される。交渉のゲーム構造を認識していれば、通常は本当の最後通牒かどうかは見抜けるはずである。偽りの最後通牒であれば、妥協可能な提案として、交渉を継続すればよい。しかし、交渉を行っているのはやはり生身の人間であるし、感情的になっている場合には、交渉当事者の全員にとって不合理的な交渉決裂を、最後通牒とその拒否というかたちで実現してしまうリスクもある。

　最後通牒が出されるのは、①相手が圧倒的なパワー（BATNA）を持っていて、こちらと合意する必要が少ない場合、②最後の最後でのわずかな妥協を要求している場合などがある。前者の場合には、こちらにとってどう

しても合意が必要な場合には、最後通牒を受け入れざる
をえないであろう。②の場合には、こちらも最後通牒を
出して、相手が出した最後通牒の中立化を図る、あるい
は最後通牒を無視して交渉を一時停止してしまう、つま
り本当の最後通牒とはみなさないことができる。ただ、
いずれも引っ込めない覚悟で出してくる場合が多いの
で、交渉が決裂し、合意成立に至らないことを覚悟せね
ばならない。

　ここでモノをいうのは、事前の冷静な状況分析と、こ
のような相手と合意しなくてもすむように、BATNA 創
出によりパワーを築くことである。

(9) チキンゲーム（瀬戸際戦術）

　チキン（臆病者の意味）ゲームというのは、車同士がすれ違えないほど狭い道路で、正面衝突するまで車を双方向から走らせ、先にハンドルを切った方が負けというゲームである。アメリカの映画などにはよく登場するので、イメージが湧く方も多いに違いない。面白いことに、この言葉は政治交渉でもしばしば登場する。交渉当事者の双方の主張に大きな隔たりがあって、どちらも譲る気を見せないとき、交渉決裂（軍事衝突）のリスクをめぐって双方が対峙する場合が典型である。期限が迫ってくる中での我慢比べになり、相手が譲るのをひたすら待つことになる。ボルウェア戦術も期限との関係でいえば、この瀬戸際戦術にあたる。

　この戦術はかなり強力である。いずれもが譲らなければ、チキンゲームでは双方が正面衝突で死亡する。交渉でも双方が譲らずに頑張ってしまえば合意が達成できず、双方とも大きな損失が生じることになる。

　しかし、このタイプの交渉戦術に対処するコツも容易

にわかっている。自分がいかに非合理的か、死を恐れないかを強調することである。死を避けるという相手の合理的判断に期待しながら、自分は非合理的な振りを合理的に行うわけである。チンピラやくざを考えればわかるであろう。彼らが怖いのは、何をしでかすかわからないといったイメージにある。

　この戦術に対する対策は、最後通牒と同じである。どこまで本気か見分けることである。しかし、これは理屈でわかっていても、実際の判断は難しい。自分も頑張って決裂させてしまうか、何とか相手に妥協させるか、自分が妥協するかは、事前の交渉準備によって、どれだけ

パワーを獲得しているかに依存する。ただし、「窮鼠猫を噛む」のことわざ通り、パワーの小さい交渉相手でも、それなりの損失を相手に与えることができる。

パワー不足などの理由によって、自分の側では交渉決裂という贅沢が許されない場合は、自分の利益を守るために妥協するほうが得策である。事前に交渉状況の分析が冷徹にできている場合には、たとえ相手が「勝った」ように見えても仕方がないであろう。むしろ、どうせ妥協するなら相手に恩を売るかたちで妥協し、次回交渉時に「借り」を返してもらうほうが得策である。

（10）グッドガイ・バッドガイ戦術

刑事モノの TV 番組でおなじみの戦術である。犯罪容疑者に尋問する際、若い一人の刑事は、暴力による自白でも構わないといわんばかりの態度や言動で容疑者にきつい尋問をする。これで白状しない場合、今度はベテランの刑事が出てきて容疑者にタバコを与え、やさしい調

子で語りかけるという方式である。必死で白状すること
に抵抗していた容疑者も、この刑事なら自分の言い分も
聞いてくれると考え、つい自白してしまう。これを初め
から筋書きとして仕組んだのが、このテクニックである。
これも心理的動揺を狙った戦術である。

　日常の売買交渉でよく使うのは、二人で出かけ、一人
が商品を買いたくてしょうがない振りをし、もう一人が
「高いよ」とか「必要ないじゃん」とか冷たく言って足
を引っ張る役をする手である。セールスマンは、片方が
商品購入に熱心なので、買ってもらえるのではと期待す
るので交渉をやめられず、同時にもう片方の厳しい要求
にも答えなければならなくなって不利になる。

　なお、交渉に単独で出席せず、同伴者を連れていくこ
と自体は、きわどい交渉戦術ではなく、かつメリットが
ある。一つのメリットは、役割分担による、交渉の能
率化・客観化である。一人が積極的に話し、一人が積極
的聴取と相手観察に集中し、もう一人が計算を受け持つ
といった具合にすると、交渉者の動揺を狙ったきわどい
交渉戦術はほとんど通用しなくなる。客観的に冷静に交

渉状況の再評価ができるからである。また、交渉の途中で、計算担当に計算値を聞いたりすることにより、一呼吸できることになる。

(11) 権限のない振り戦術

　権限のない振り戦術というのは、実際には一人ですべて決められるのに、自分には最終権限がないことを合意直前に持ち出して合意を反故にしたり、追加的な譲歩を求めたりする戦術である。
　交渉過程でつい自分の留保価格を相手に漏らしてしまい、交渉が不利に進むことがある。交渉者自身もそれを

十分自覚している場合、できれば交渉全体を仕切り直したいと思うことがある。こういう場合よく使われる戦術である。あるいは、準備としての下調べの段階で交渉はするが合意自体は望んでいない場合など、交渉の最後の最後で、「本社の了解が必要です」とか「妻に相談してみます。また来ますよ」と言って交渉を打ち切ることがある。

　これに対する予防策は、あらかじめ相手に決定権限があるかどうかを直截に尋ねるのが最善である。この戦術はいつでも持ち出しやすいからである。

(12) 交渉者の交代

　さまざまな理由によって、いつの間にか相手の交渉ペースに乗せられ、交渉全体が不利に推移することがある。あるいは、うっかり相手に漏らしてはならない情報を漏らしてしまったり、安易な譲歩をしてしまったりすることがある。こういう場合、何とか理由をつけて当初の交渉者が退席し、代わりの者が交渉を継続することに

より、「A君はそんなこと言ったのですか。信じられないな。とりあえず交渉を進めませんか」と言って、交渉過程の一部をひっくり返すことができる。

　もし、交渉相手がA君との交渉過程を説明し出せば、交渉を引き継いだ者は、再度チャンスが与えられたようなものであるから、そこで反撃すればよいことになる。

　これに対する防衛策は、最初の交渉者に権限があるのか否かを確認すること、交渉の途中で交渉相手が交代する場合には、経過記録をつけること、相手と同じようにこちらも複数交渉者を用意したり、あるいは交渉の一時停止や打ち切りを宣言したりすることなどである。

なお、コンピュータ・ネットワーク上での交渉では、上記三つのグッドガイ・バッドガイ、権限のない振り戦術、交渉者の交代は、特に使いやすいようである。理由は二つほど考えられる。第一は、信頼関係を確立しにくいことからくる帰結である。コンピュータ・ネットワーク上でのコミュニケーションでは、社会的情報が伝わりにくい。したがって、相手に関する社会的情報、特に信頼情報が決定的に不足し、しかも悪意でも善意でもない行為を悪意に解釈する傾向（Sinister Error）が強くなるので、信頼関係が確立しにくくなるということである。

　第二は、戦術面における制約と解放である。対面と異なり、コンピュータ・ネットワーク上での交渉では、音声、身振り手振り、間などに依存するテクニックは使えなくなる。その代わり、社会的情報が伝わらないことを利用した戦術が使えるようである。私が大学院生と行った電子メールによる売買交渉実験では、一人では不可能なグッドガイ・バッドガイの一人二役法や、社会情報の偽り（性別を偽ったり、権限のある振り・ない振りをしたりする）、偽りの交渉者の交代（同じ自分なのに

上司として登場し、仕切り直す）、最後通牒の使用などの面白い特徴が見られた。

(13)「拒否させて譲歩獲得」戦術
（ドア・イン・ザ・フェイス戦術）

　これはアンカリングと返報原則を組み合わせた巧妙なテクニックである。いったん聞き入れられそうもない大きな要求を出して故意に拒否させた上で本当の要求を出し、相手に飲ませるという方式をとる。最初の要求を拒否した段階で、頼まれた方は負い目を無意識に負う。それを利用して、本来の要求を相手に飲ませるわけである。ちなみに、最初の要求は拒否されるほど大きく、本来の要求は誠意を疑われない程度に小さい必要がある。アンカリングの効果により、本来の要求は、いきなり出した場合に比べると、小さく映ることになる。たとえば、1000円のパーティー券を買ってもらいたいとする。そのまま買ってくださいと言っても、まず買ってもらえる見込みがないとする。このときは、いったん「パーティー

の準備を手伝って頂けませんか。一日かかるだけです」と頼む。人のパーティーの準備に一日も時間を取られるのは嫌なので、たいがいは断るだろう。断ってきた瞬間をとらえて、「では1000円のパーティー券を買ってください」と切り出すのである。単に依頼した場合よりも、成功率はかなり高くなるはずである。

　これの応用版に、訪問販売して拒否されたら、紹介を頼むという手がある。知人の紹介を受けてきたという理由で訪問販売すると、成功率が高いことが知られている。そこで、まず訪問販売した家で商品の買い付けを拒否さ

れた場合には、「それではせめて、誰かこの商品を買いそうなご友人を紹介していただけませんか」と切り出す。購入を拒否した方は、無意識な負い目を感じているので、たいていの場合、その感情から逃れるために、ひょっとしたら迷惑がかかるかもしれないと思いながらも、友人の名前を明かすことが多い。この場合、最初の訪問自体には、商品の買い付けを期待しておらず、二番目以降の訪問先での成功を高めるために、友人名（リスト）を入手することが目的となっている場合がある。

（14）二段階要求戦術
（フット・イン・ザ・ドア戦術）

　このテクニックは、逆に誰もが承諾するような要求を、本当にのんでもらいたい要求の前に出しておく方法である。たとえば、地域の環境問題解決のための資金集めをしているとしよう。街頭でいきなり寄付をしてくださいと頼んでも、なかなか実現しない。そこで、環境問題に関するアンケートを実施していますと言って頼めば、ま

ず拒否はされない。これが最初の一歩（訪問販売でドア内に足を入れ、家に入れてもらうこと）である。

　質問項目は、意見を聞くというよりは、「環境問題は重要だと思いますか」といった類の、一般的な認識を聞くようなものである。ここで、重要だと答えた相手に寄付を依頼するのである。「重要だ」と答えた相手は、その言葉と一貫性がある行動を取らなければならないような圧力が働く。この圧力を利用したテクニックである。

◀一段階目

◀二段階目

以上のように、きわどい交渉戦術の数は意外に多い。本書では省略したものも含めるとリストはさらに長くなってくる。

　きわどい交渉戦術が用いようとしている「テコ」は、

①認識自体の操作（意欲度の低下、コントラスト効果を狙うなど）
②一貫性幻想、サンクコスト効果等の判断バイアス
③返報原則における「負い目」の悪用
④心理的動揺による主導権把握

の４つで、きわどい交渉戦術のすべてではないがかなりのものを位置づけることができる。

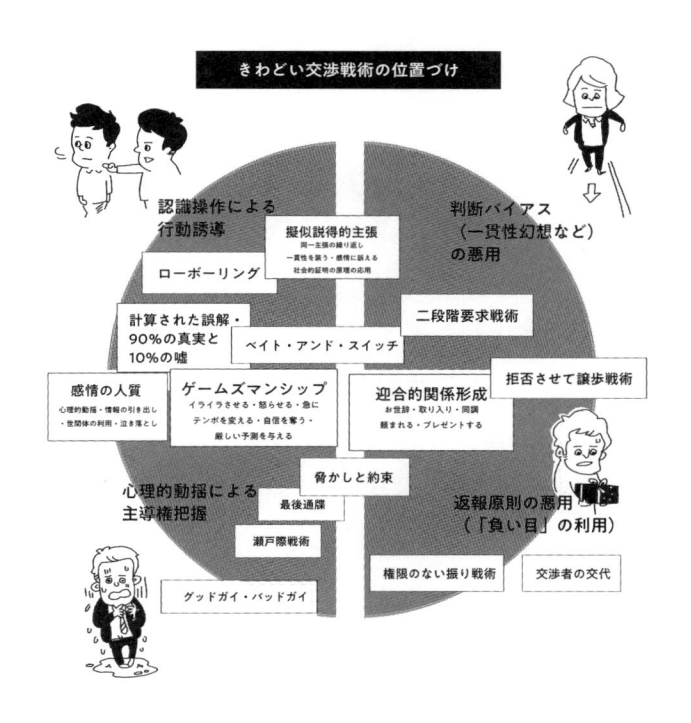

きわどい交渉戦術の位置づけ

認識操作による
行動誘導

判断バイアス
（一貫性幻想など）
の悪用

擬似説得的主張
同一主張の繰り返し
一貫性を誘う・感情に訴える
社会的証明の原理の応用

ローボーリング

二段階要求戦術

計算された誤解・
90％の真実と
10％の嘘

ベイト・アンド・スイッチ

感情の人質
心理的動揺・情報の引き出し
・世間体の利用・泣き落とし

ゲームズマンシップ
イライラさせる・怒らせる・急に
テンポを変える・自信を奪う・
厳しい予測を与える

迎合的関係形成
お世辞・取り入り・同調
頼まれる・プレゼントする

拒否させて譲歩戦術

脅かしと約束

最後通牒

心理的動揺による
主導権把握

返報原則の悪用
（「負い目」の利用）

瀬戸際戦術

権限のない振り戦術

交渉者の交代

グッドガイ・バッドガイ

5 きわどい交渉戦術に対する予防策

　きわどい交渉戦術に対する対策のうち、対症療法的なものはすでに述べたので、ここでは、一般的な予防法とでもいうべきものについて触れよう。ただ、その前に、なぜ相手がこのようなきわどい交渉戦術を使ってくるのか、再確認しておいたほうがよいだろう。

なぜきわどい交渉戦術を使うのか？

　このようなきわどい交渉戦術を使う交渉相手は、基本的には固定パイ幻想に囚われており、きわどい交渉戦術を用いることで、自己の利益を最大化できると思い込んでいる場合が多い。

　しかし、もう少し細かく考えると、交渉相手が固定パイ幻想に囚われるには、①問題自体の性質、②相手の特殊事情、③交渉パワーの格差の存在、④歴史的経緯、⑤

対抗戦術、⑥貪欲などいくつかの原因がある。

　第一は、問題の構造自体が分配型交渉にしか見えない場合である。金のネックレスのような例は一回きりの取引であり、周りの評判を気にしなくてよいケースである。商品は交換や修理の必要はほとんどないし、消耗する付属品もない。保証の問題はそもそも期待できない、たとえいろいろな約束を取りつけたとしても、いったん日本に帰れば、返品・返金など不可能である。このような問題の性質の場合、普段は利益交換型交渉や創造的問題として交渉問題の解決を図ろうとするようなビジネスマンであっても、分配型交渉としてきわどい交渉戦術を使う可能性が十分ある。ただし、売り手は十分それを承知しているので、いったん交渉に入れば必ず勝つようなゲーム構造にしているわけである。

　どんな交渉問題でも、必ず利益交換型交渉や創造的問題解決に転換できると主張する論者もいるが、金のネックレスの例では実際難しいし、たいていの人は発想の転換を図ることができない。

第二は、交渉相手が自分の交渉イメージを特に気に
していたり、周囲の期待が高すぎるためにソフトに見え
るアプローチが取れなかったりする場合である。たとえ
ば、圧力団体で、組織の長に就任したばかりの人や、再
選選挙が近い現在の長を考えよう。自分の地位の安定化
や再選を果たすには、タフな交渉者のイメージが必要で
ある。あるいは、少なくとも本人がそう考えている場合
がある。そのため、普段は柔軟な人であっても、しばら
くはタフな交渉戦術しか少なくとも表向きは行わない
（この場合には、より柔軟な態度で秘密交渉を行うとい
う手がある）。

　第三は、交渉相手が圧倒的なパワーを持っている場合、
こちらには期限があっても相手にはない場合、逆にこち
らが圧倒的なパワーを持っていて、通常の交渉をしたの
では、相手が勝てないと思っている場合などにも、きわ
どい交渉戦術は使われる。つまり、交渉パワーに大きな
格差がある場合である。

　第四は、歴史的経緯である。過去にあなたの組織と交

渉した歴史があり、そのときの交渉プロセスが分配型交渉だったため、あなたの組織との交渉は分配型交渉としてしか行えないと相手が思っている場合がある。つまり、利益交換型交渉や創造的問題解決を行うために必要な信頼関係がないということである。過去の交渉で、相手が不愉快な思いをしていたり、あなたにしてやられたと後悔している場合には、今度の交渉で復讐しようと図ったり、事前に敵意を持っていたりする可能性さえある。これらの場合には、相手は交渉の初めからきわどい交渉戦術を使ってくる可能性がある。

　第五は、あなたとの現在の交渉で、あなたがきわどい交渉戦術を使っていると相手が思っている場合である。単なる誤解の場合もあるが、逆にあなたのほうが自分できわどい交渉戦術を使っていることに気がつかない場合もある。この場合は、交渉相手はあなたに対する対抗手段として、意識的にきわどい交渉戦術を使っていることになる。

　第六は、相手自身の性質が貪欲な場合である。通常、

人間の行動と性格を直接結びつけること、つまり、ある人がある行動をとっているのは、その人の特定の性格が原因である、と考えることは、安易であるとして戒められる。行動と状況や問題構造との関係を考えて「人とモノを切り離す」ほうが、よい結果を招くとされる。しかし、貪欲な性質の人は実際に存在する。

交渉相手がきわどい交渉戦術を使う理由

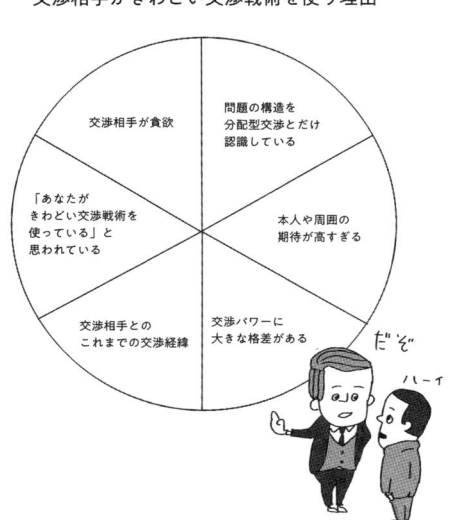

きわどい交渉戦術に対する一般的な予防策

　きわどい交渉戦術の多くは、交渉相手の気の動転、判断の混乱、衝動、恐怖につけこんで交渉を有利に展開しようとするものである。したがって、相手がきわどい交渉戦術を用いていると気づけば、たいていは覆せることになる。

(1) しっぺ返し (Tit-for-Tat) 戦術

　一つは、きわどい交渉戦術に対しては、きわどい交渉戦術で応じるというものである。もちろん、この場合は目的がなければ、単なる不合理なエスカレーションに発展するだけである。きわどい交渉戦術を応酬する目的は、相手がきわどい交渉戦術を使い続ける限り、相手にとっても不利益が継続するということを悟らせることである。したがって、①相手がきわどい交渉戦術を使わない限り、こちらから率先してきわどい交渉戦術を使わないこと、②相手のきわどい交渉戦術と均衡するきわどい

交渉戦術で応じることの二点が重要なポイントになる。現実には、これらに加えて、仕方なくきわどい交渉戦術を応酬していることのメッセージを明確に相手に伝えることが重要になる。不合理なエスカレーションを避けつつ、信頼関係のない相手との交渉で自己利益の最大化を図るという意味で、しっぺ返し戦術は有効である。ただし、その有効さはあくまでも長期的に見た場合の有効性であって、個々の交渉における有効性ではない。

(2) ゲームの構造転換

　もう一つは、交渉問題が利益交換型交渉か創造的問題解決であることを相手に訴えるというものである。問題の捉え方によって、相手の利益はともかく、あなた自身の獲得利益が大きく異なってしまうことが明白なとき、あるいは比較的相手が合理的で理解力がある場合には、この説得も無駄ではない。説得に成功すれば、交渉当事者の双方が満足することができる結果になる。しかも、パイを膨らませた功績はあなたのほうにあるので、分配の次元でより多くの報酬を請求することができるであろう。

　しかし、交渉当事者間に信頼関係が欠如しているとき、相手がタフな交渉者であるという自己イメージにこだわっているとき、固定パイ幻想に深く囚われているときなどには、このような問題認識の転換は現実には難しい。その場合、いつまでも利益交換型交渉や創造的問題解決に転換しようとして交渉を続けるのは、時間やエネルギーの無駄であるばかりか、ときには一方的な情報開示によって自己の交渉パワーそのものを減殺し、短期的

にも長期的にも比較優位を失う可能性がある。

　また、相手がきわどい交渉戦術を用いるのは、分配型交渉問題の時には限られない。利益交換型交渉をしていると思われる場合でも、相手がきわどい交渉戦術を意識的に用いてくる場合があるから要注意である。したがって、交渉の初期段階のどこかで、問題認識の転換可能性に関しては見切り、相手のきわどい交渉戦術に合わせて交渉するしか方法がなくなることも覚悟すべきであろう。

　いずれにしろ、交渉の現実を考えると、①きわどい交渉戦術の内容やいつ使われやすいかについて熟知すること、②自分は積極的に使わなくても、相手が使ってきた場合に、相手のきわどい交渉戦術に対する防衛方法を知っておくこと、この二つはきわめて重要である。

　4章　きわどい交渉戦術

自分で積極的に
きわどい交渉戦術を使うべきか？

　これらのきわどい交渉戦術は、自分の側から積極的に使うこともできる。もちろん、みずから使うか使わないかの選択は読者自身がすることになる。読者の方々の中には、使うことの誘惑を感じる方もいるに違いない。きわどい交渉戦術によっては、何が問題なのか微妙なものもある。ビジネスに関する倫理については多くの議論がある。相手がきわどい交渉戦術を用いてきた場合に、しばらく応酬するのはいいかもしれない。

　ただし、このようなきわどい交渉戦術を、相手への応酬ではなく、自分のほうから積極的に使うことには、ほとんど必ずと言ってよいほど、コストがあるということを知るべきである。あなたがきわどい交渉戦術を利用したことに、相手が永久に気づかないという前提は非現実的であり、汚い戦術は、使ったほうは忘れても、使われたほうは長い間覚えているものだからである。

コストの第一は、相手のきわどい交渉戦術を誘発してしまうことである。自分の側の一回きりの利用で、決定的な結果が得られればよい。しかし、そうでない場合が多い。相手に見抜かれれば相手のきわどい交渉戦術を誘発することになるし、実行段階で相手がサボタージュすること、つまりいろいろな理由をつけて合意を実行しないこともありうる。一般的にはよい結果は得られない。交渉は自分と相手との相互作用であり、最終的に合意内容を実行するには相手の自主的な協力が必要である。

　第二のコストは、ビジネスのリピートや再交渉の可能性が低くなるということである。きわどい交渉戦術を使われて交渉結果に不満を持った相手は、あなたとの交渉をできるだけ避けようとする。長期的な関係から生じる利益を捨てるに等しい。

　第三は、将来の交渉での仕返しの可能性である。一回きりの交渉であれば別だが、そうでなければ将来同じ相手と交渉をする可能性もあるが、そのときに仕返しされる可能性がある。

第四は、評判・信用の問題である。相手が利益交換型交渉や創造的問題解決による合意形成を考えている場合には、きわどい交渉戦術の利用は、あなたがみずから信頼関係の破壊を意図しているとみなされる。長期的な関係維持に関心がないと思われ、相手の信頼を失うだけでなく、交渉決着後の報復手段として、相手はあなたの評判を落とす行動をとるかもしれない。

きわどい交渉戦術を使うコスト

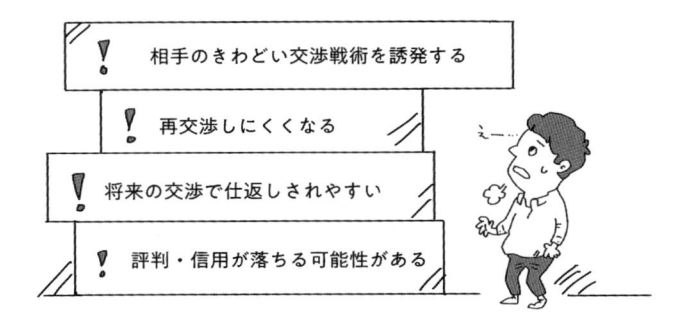

- ！ 相手のきわどい交渉戦術を誘発する
- ！ 再交渉しにくくなる
- ！ 将来の交渉で仕返しされやすい
- ！ 評判・信用が落ちる可能性がある

より根本的な対策は？

　本章では、使い方によっては問題があると思われる交渉戦術を多数あげた。すでに述べたように、その目的は予防である。ほとんどのきわどい交渉戦術は、こちらを驚かせたり気を動転させたりして、冷静な判断力を奪おうとするものである。これらがそもそもきわどい交渉戦術であると認識できれば、動転することもない。

　半面、これだけさまざまな手段があることを考えると、相手を疑いはじめるときりがなく、個別の防衛策以上の何か手段や策がないかという考えが生じるであろう。このように考えてみると、いくつかの重要な点が浮かび上がってくる。

　一つは、問題の構造自体に対する分析が不可欠であるということである。事前に状況をよく分析して、パイの拡大ができるかどうか、実際にどう行うか、ということをあらかじめ考えておく必要がある。そうしないと、いざ実際の交渉が始まり、分配型交渉戦術を相手が取りはじめると、相手を説得するどころか、きわどい交渉戦術

の応酬とそのエスカレーションを止められないことになる。

　もう一つは、冷静な状況分析が必要なことである。自分だけでなく相手が置かれている状況も、考慮に入れなければならない。同じ人が、状況によって、きわどい交渉戦術を使ったり、正攻法で攻めてきたりと、いろいろ変わる可能性がある。最善の防衛策は、①このような、汚い戦術を使う相手とは交渉しないこと、次に②こちらの交渉戦略を充実させて、はじめから相手がきわどい交渉戦術を使わないように誘導することである。

5章
交渉戦略を実践しよう

これまで交渉の基本概念、正当な交渉戦術、きわどい交渉戦術の順に話を進めてきた。

本書全体の締めくくりとして、新たに交渉する状況が生じた場合に、どのように考え、交渉を進めていったらよいかを、交渉戦略のモデルを使いながら説明していこう。

５段階プロセスモデルで考える

　交渉はかなり複雑な意思決定、ないし相互作用である。交わされる会話の中の情報は事実もあれば脚色もある。不安、不信、面子などの感情が絡み、自分と交渉相手の比較優位も刻々と変化する。無数にあり得る状況に対処する方法を逐一あげても対処できるものではない。対症療法的な思考よりも、戦略的な思考の方が有効である。それには、あらゆる交渉に通じる共通の思考モデルを作り、これに沿って情報を集め、分析し、考え、さらにそれを習慣化する方がよい。

　本章では、交渉の５段階プロセスモデルを提示する。最初の段階は、交渉そのものの必要性・重要性のチェックなどの、より上位の判断を行うステージである。

　これを「上位の」という意味の英語 meta を用いて、①メタ判断としておく。次に、自己や交渉相手の利益分析等、実際の準備段階がある。これを②戦略プランとし

よう。さらに、実際の交渉で用いるための、③実行プランの策定のプロセスがあり、④実際の交渉を経て、⑤評価学習するという5段階である。順に説明していこう。

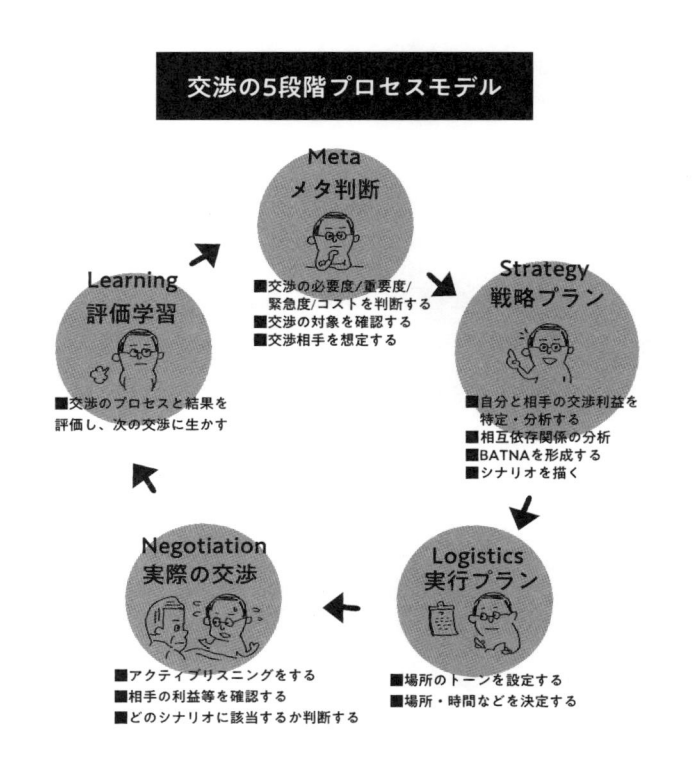

交渉の5段階プロセスモデル

Meta メタ判断
■交渉の必要度/重要度/緊急度/コストを判断する
■交渉の対象を確認する
■交渉相手を想定する

Strategy 戦略プラン
■自分と相手の交渉利益を特定・分析する
■相互依存関係の分析
■BATNAを形成する
■シナリオを描く

Logistics 実行プラン
■場所のトーンを設定する
■場所・時間などを決定する

Negotiation 実際の交渉
■アクティブリスニングをする
■相手の利益等を確認する
■どのシナリオに該当するか判断する

Learning 評価学習
■交渉のプロセスと結果を評価し、次の交渉に生かす

1 メタ判断

メタ判断の基本的なチェックポイントは、自分や組織にとって、本当に交渉が必要か、その交渉がどれだけ重要か、緊急を要するのか、どういう相手と交渉するのか、現在問題になっている相手と交渉する必要が本当にあるのか、他により望ましい相手はいないのか、現在の交渉を他の交渉にどう生かすのか、などを確認することである。このメタ判断を行うことで、不要な交渉を避け、適切な相手と交渉し、そして交渉全体のためにどれくらいコストをかけて準備をするのかがわかることになる。例を出そう。

たとえば、予算は200万円位で古くなった自宅のバス（風呂）のリフォームを考えているとする。築20年以上経って、タイルの壁や天井にカビが生え、どんなに掃除をしてもすぐまた発生し、手入れが面倒だという妻の不満がきっかけである。だから、手入れが簡単なユ

ニットバスにしようということになった。なんとなく立ち寄った建築業者にリフォームの話をすれば、飛びついてくるだろう。そのまま価格交渉に入るのは、最も避けなければならない。96ページの「輝く金のネックレス」のような事態を想起してほしい。商品についての事情が分からないまま交渉に入るのは賢いとは言えない。

　家のリフォームは、今日明日というほどに急いでいる話ではないが、200万といえば、それほど小さな金額でもない。量販店での電化製品のように、製品の品質が一定でほとんど金額の交渉の余地がない場合とは異なり、リフォームは業者によって仕上がりの質は大きく違うかもしれない。金額も交渉の余地はあるだろう。だか

ら、何らかの交渉の必要性はある。また、交渉すること自体重要だし、いったん交渉を行うと容易には中断できないという意味で、事前の情報収集などに時間やエネルギーなどの一定のコストを掛ける必要がある。つまり、緊急度は低いが、必要度・重要度が比較的高く、それなりのコストを掛けて準備するべき交渉だということになる。

　次に、交渉する対象物をはっきり決めておく必要がある。それには実際的な情報収集が必要になる。

　リフォームの件で考えてみよう。予算は大体 200 万としたが、それほどきっちりしたものでもない。もちろん、金額は低いに越したことはない。ユニットバスにするとは決めたので、交渉の対象がユニットバスであることははっきりしている。しかし、家の状況によっては、隣接する洗面室などの改修も同時に必要かもしれない。
　近所のユニットバスの業者の展示場を調べ、日曜日にまとめて 3 社回ることにした。A 社、B 社、C 社とも応対が親切であった。こちらの好みを効率よく聞き出し、

コンピュータを使って、イメージ図を次々と印刷してくれた。各社とも顧客の予算に応じて、いくつかのランク別にシステムを用意しており、甲乙つけがたい。競争が激しいらしく、メーカーの工夫も日進月歩のようで、A社は品質の高いホーローの浴槽が売りだが、B社は別の工夫で、冬でも床が冷たくならないことを売りにし、C社はデザイン性に優れているという具合だ。

　ただ、いずれも提示してある金額は、メーカー希望小売価格で、実際にリフォーム業者に下ろす値段は、その業者とメーカーの間の関係性に依存すると言われた。つ

まり、展示場では実際の価格は分からないのである。

　Ａ社、Ｂ社、Ｃ社のいずれのランクのユニットバスにするかは、交渉というよりも意思決定の問題である。強いて言えば、妻との合意形成・交渉である。何度か話し合い、大まかな予算と好みを検討して、最終的には妻の意見を尊重し、Ｃ社のユニットバスに決定した。バスタブの材質・色、壁の材質・色、照明や付属品等決める事柄はたくさんある。

　最後に、Ｃ社の営業担当に、「御社の取り扱いの多いリフォーム事業者はどこですか」と聞き、すぐ近くにあるリフォーム業者Ｄ社等を紹介してもらった。Ｄ社がメインターゲットになりそうだ。

2 戦略プラン

　交渉の必要性が確認でき、交渉の対象が決まり、交渉相手がある程度推定できたら、次は交渉の準備にかかることになる。その準備の中心が交渉戦略プランの作成である。

① 自己の利益分析
② 交渉相手の利益分析
③ 相互依存関係の分析
④ BATNAの形成
⑤ 戦術選択
⑥ シナリオ作成

　最初に行うべきは、自分の利益分析である。交渉で何が問題になっているのか、自己（個人としての自分や自分が所属する組織のこと）の利益は何なのかを特定し、これらが複数ある場合には、その間の優先順位を決めることである。この部分がしっかりしていれば、交渉がどんな展開になっても、相手の認識操作に惑わされること

なく、一定の合理的な対応ができることになる。

①自己の利益分析

　利益分析を行う。利益というと、すぐ価格を思い浮かべるかもしれないが、ここでいう利益はもっと広い概念で、価格だけでなく、支払い方法（現金かクレジットカードか、分割か一括か等）、安定供給、中長期関係の開始・維持を含めた関係の利益、面子プライドなどの精神的な利益も含めることになる。

　リフォームの場合、自分の利益は、もちろん満足のいくユニットバスを入れることであるが、満足度は価格のみならず、仕上がりに依存する。Ｃ社のユニットバス自体は、どこの業者で入れても、品質は変わらない。しかし、隣接する洗面室のドアを移動する必要があることがわかり、この際洗面室も同時にリフォームすることにした。したがって、業者の腕や力の入れ具合によって、洗面室を入れた最終的な仕上がりは変わるはずである。当

初予算は若干オーバーしても良しとし、最も重視すべき利益は、バスと洗面室全体の仕上がりであり、次に価格であると特定した。また、リフォーム後何か問題が生じた際には、すぐ来て修理してもらう必要がある。つまり、今後の関係にも一定程度は配慮する必要があるということになる。

②交渉相手の利益分析

　自己分析ができれば、次に交渉相手の利益分析を行うことになる。この場合、相手については情報が不足がちになるので、多分に推測を含むことになるのはやむを得ない。場合によっては、複数の可能性を考え、実際の交渉の初期段階で確認することをメモしておく。

　相手はリフォーム業者であるから、当然なるべく高い価格で契約したいであろう。しかし、期末には何とか売り上げを伸ばしたいはずであるから、多少の価格割引はするかもしれない。この辺りは、交渉の初期段階で、探

りを入れればわかるし、相手は「1週間以内に決めてい
ただければ、大幅値引きをする」くらいのことは言って
くるかもしれない。相手にとって自分は1回きりの商売
相手であろうか。顧客が多くて困っているような会社は
そうかもしれない。しかし、リフォームは順次行ってい
く可能性が高い。今回、こちらが満足すれば、次回のリ
フォームも任されることを期待するかもしれない。

③相互依存関係の分析

　次は、自己と相手との相互依存関係の分析・確認であ
る。相手にとって自分はどれだけ重要なのか（代替性が
ないのか）、逆に自分は相手にどれだけ依存しているの
かを考える。そして、この依存関係が相手とのパワー関
係を決定し、交渉全体のゲーム構造を決めることになる。
　リフォームの例で考えよう。交渉の当事者は、通常の
顧客（自分）とリフォーム業者である。業者から見れば、
顧客は複数おり、こちらにビジネスを大きく依存するわ
けではない。また、顧客である自分から見ても、業者は

複数あり、特定の業者でなければならないわけではない。ただし、業者のD社は家の近くなので、お互いに相手を必要とする際便利で移動コストも少ない。したがって、D社が最有力候補であると考えてよいだろう。そのほかの業者で、相手側に特段の事情があれば、ゲーム構造に若干の変化が生じる。たとえば、運転資金がショートしがちな業者は、現金払いできる顧客に、ある程度依存することになる。D社を最有力候補にするが、どちらにしろ、次のBATNA形成の方策として別の業者にも見積もりを依頼するので、そちらの業者との依存関係も後でチェックすることになる。

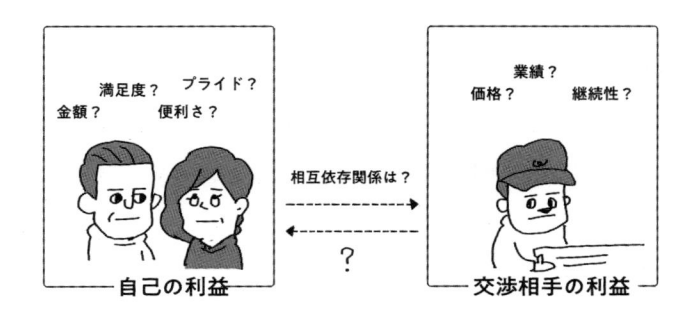

④ BATNA の形成

　利益分析の次に重要な部分である。しかも、正当な交渉戦術である。相互依存関係で決まるゲーム構造は容易には変えられないが、BATNA を用意することによって、かなりの比較優位が生じるからである。一般的には、これまでの準備を前提にして、どれだけ価値のある BATNA を作れるかを判断し、実際に作ることである。価格であれば市場の相場を調べるか、相見積もりを取る、それができなければダミーの交渉を行うことで、落としどころがある程度分かることになる。

　リフォームの例に戻ろう。洗面室の改修も含めた費用に関する市場での相場は、この場合は調べようがない。ちなみに、ネットで大幅割引を謳っている業者もかなりあったが、これは最も数の出る特定のユニットバスに対するメーカー希望小売価格からの割引率であることが判明した。郊外にある遠方の中古車ディーラーが格安の「見せ中古車」で、顧客を引きつけようとしているケースと同じで、大きな割引率を広告の前面に出して、顧客を引

きつけるという、きわどい交渉戦術に近い。この手の業者は信用できそうもないと判断した。実際、このカラクリは予備交渉を各社とする段階で、各社に聞いてみることで確認できる。

結局は、相見積もりとダミー交渉を兼ねて、D社、E社、F社の3社すべてと同時並行的に3つの交渉をすることにした。価格については、一番低い価格がこちらの留保価格になるが、利益分析で確認したように、最低価格を得ること自体が交渉目的なのではなく、仕上がりや満足度が最も重要な利益であることに注意する。

いずれの業者も、自宅を見せてほしいと言い、必要箇所を測量したり、デジカメに収めたりしていた。C社のユニットバスは、E社もF社も扱っているが、D社ほどの割引は難しいと正直に言っていた。

なお、通常の交渉では、オプションを作ることが重要である。たとえば、価格のみならず支払い方法や納期などが問題になる場合、この価格ならこの支払い方法、別の価格であれば別の支払い方法というように、オプションを複数用意してパッケージ化し、先に相手に提示すれ

ば、これは一種のアンカリング効果を持つので比較優位が発生する。

　ただし、このリフォームの例では事前にこちらからオプションを用意するのは難しいであろう。むしろ、この手の交渉に手慣れた業者のほうから、提案してくるかもしれない。

　この戦略プランの作成によって、交渉問題が純粋の分配型なのか利益交換や創造的問題解決の余地がどれくらいあるかが、おおよそ判明することになる。実際、分配型交渉戦術を中心にするのか、利益交換や創造的問題解決を目指すのかによって、交渉プロセスはかなり異なってくる。後者の二つであれば、信頼関係の構築と情報交換が必要になる。前者であれば、安易な情報開示は慎まなければならない。

　相手の分析をする際、交渉相手としての相手の評判を知ることも可能かもしれない。その際、固定パイ幻想にとらわれ、かなり強硬な姿勢を取ることが知られていれば、問題自体が利益交換や創造的問題解決の余地があっても、実現するのは難しくなる。まったくわからない場

合には、複数のシナリオを用意し、交渉の初期段階で見極めればよい。

⑤戦術選択

交渉の利益が何か、交渉問題の性質は分配型か利益交換・創造的問題解決の可能性がどれくらいあるか等によって、用いる戦術を検討する。

リフォームの例では、交渉問題は価格だけでなく、仕上がりの方が重要な問題である。だから、純粋の分配型交渉にはならず、利益交換や、創造的問題解決の色彩が強くなるはずだと予想する。ただ、2番目の利益として価格も追求するので、そこでの比較優位も得たい。

まず、価格に関しては、明示的に3社同時交渉をすることで、入札方式にも近い状態に意図的にした。これで最低価格を実現できるかどうかは別として、最低価格がどれくらいかは途中で判明することになる。それがどの事業者に対しても、現実的で強力なアンカリングポイ

ントになるはずである。さらに、一つきわどい交渉戦術を用いることにした。グッドガイ・バッドガイ戦術である。メイン交渉者である夫がグッドガイになり、この顧客は本気で金払いもよいと業者に思わせ、妻は（暴力的ではなく）わがままなバッドガイになって、交渉の要所で横やりやわがままを入れるという戦術である。この程度の話はよくあるはずだし、倫理的にも問題はないと判断した。

⑥シナリオ作成

相手の利益や交渉態度によって、交渉のプロセスはいくつかのケースに分かれるはずである。したがって、一

つに決めうつことなく、ケース別の展開シナリオを描いておく。こうすることで、予想が外れた場合でも柔軟に対処することができるようになる。

　リフォームの例では、3社同時交渉によって、相手は追い込まれるはずである。あくまでも価格で勝負してくるか、それとも他の要素を加味して交渉を進めるかは、注意深く観察しながら決めることにする。そのために、価格は重要だが、それだけでは決めないと最初に宣言しよう。

3 実行プラン

　交渉のロジスティックスを考える段階である。一般的には、交渉場所、通訳、第三者の導入、スケジューリング、時間管理、質問事項など交渉コンテクストにまで注意を払った実行プランを作成する。戦略プラン作成の段階で、これから行う交渉が分配型なのか、利益交換・創造的問題解決の可能性の高いものかがある程度わかり、そしていくつかの展開シナリオはほぼ想像がつく。ロジ

スティックスは、交渉のタイプとトーンセッティングに合わせる必要がある。利益交換・創造的問題解決の余地が大きい場合には、交渉初期段階で、ある程度の信頼関係を築き、情報交換を行い、相互に利益をさらに追求できないかを確認していくことになる。このような場合には、交渉の出だしのトーンはなごやかなものになる。

　窓もない小さな部屋で交渉を行えば、利益交換や創造的問題解決は難しい。明るい広々とした部屋で、対面型のテーブルでは強調される対立構図を避け、丸テーブルにして一緒に問題を解決する雰囲気にし、部屋の隅にはコーヒーやクッキーを置くなどの工夫が必要になる。

　もちろん、プランが精密であればあるほど、プランに対しわれわれは自信過剰になることが知られている。プランに自信過剰になっていると、相手がプラン通りに行動しない場合、動揺やパニックを引き起こすことになりかねない。精密な詳細なプランを作るのは、あくまでも実際の交渉の場での適切な行動を取るためである。したがって、柔軟性を持たせたプランが望ましい。

　きわめて重要な交渉については、これらのプランを作った後で、リハーサルをする。その際、ロールプレー

イングのみならず、ロールリバーサル（相手の立場になって模擬的に交渉してみる）を用いてチェックすると、プランの有効性を確かめることができる。

　リフォームの例では、実行プランについて、大きな問題はないであろう。通常、業者が現場監督らを連れて、現場を見て、測量などの必要事項を済ませ、見積もりを作って、営業担当が再び自宅に来るというプロセスをたどることになるだろう。専門家としての意見を聞くという態度で、和やかに交渉を進行させればよい。

4 実際の交渉

　自分と相手の利益を分析し、価値の高い BATNA をつくって交渉に臨めば、きわどい交渉戦術などは一切不要である。純粋の分配型交渉の事例はさほど多くない。ビジネスの場合には特に中長期的な期間での利益追求をするケースがほとんどであろう。したがって、自分の側の交渉スタイルとしては、利益交換・創造的問題解決が基

本となる。問題のタイプが利益交換・創造的問題解決の可能性があり、こちらがそのつもりで交渉に臨み、相手も同じであれば、円滑な交渉プロセスが期待される。

しかし、こちらがそのつもりでも、相手が固定パイ幻想に囚われ、分配型交渉スタイルで臨んでくる可能性もある。場合によっては、きわどい交渉戦術を駆使してくるかもしれない。このような場合には、どうしたらよいであろうか。対処方法は、三つほどに分けられる。少し長くなるが、説明しよう。

　　　　5章　交渉戦略を実践しよう

（1）あくまでも利益交換・創造的問題解決
　　スタイルで臨む

　一つは、あくまでも明白な利益交換型交渉や創造的問題解決で対処するというものである。ただし、相手を共同問題解決に引き込む必要があるので、①きわどい交渉テクニックが実行不可能であることを相手に悟らせる、②合意成立の利益・効用（交渉決裂の不利益）を強調する、③これらを併用することになる。ただし、この方法には欠点がある。あくまでも分配型交渉で問題解決しようとする交渉相手にとって は、こちらがあくまでも利益交換型交渉や創造的問題解決で臨むことが「物怪の幸い」となり、結果的により相手を利する結果になる恐れがあるからである。

　利益交換型交渉のデメリットの一つは、「弱い交渉者」と映りかねないことである。したがって、その面の配慮も必要になる。たとえば、①立場ではなく利益を協調する ②一方的な妥協はしないことを宣言する③自分の支持団体や利害関係者が自分を強く支持していることを強

調する④マイルドな脅しをするなどの方法も必要になる。

　あくまでも明白な利益交換型交渉を貫く場合、最終的には一方的な妥協が必要になる場合がある。場合によっては、分配の面で不利な結果になることもあろう。しかし、そのような結果を受け入れられる場合は、自己の交渉倫理と妥協する必要がないので、交渉者にとって精神的なストレスは少ない。問題となっている交渉に組織全体の命運がかかっていない場合や、その交渉が定型的に行っている多数の交渉の一つにすぎない場合など、この対処方法をとれるであろう。

　そして、これは交渉プロセスの最後の評価・学習にか

らむのであるが、この交渉を契機として、相手を長期的な関係を結ぶに値しない相手であると判断し、二度と交渉しないと割り切る場合にも使える方法である。つまりは、この対処方法は余力がある者の対処方法であるといえる。

利益交換型交渉を貫いた結果…

あの人とは二度と交渉しないぞ

(2) きわどい交渉戦術で対抗する

もう一つの対処方法は、きわどい交渉戦術で対抗するというものである。ただし、単純に対抗したのでは、不合理なエスカレーションや交渉決裂を招くだけである。したがって、ここではしっぺ返し戦術（Tit for Tat）で

あること、つまり、自分から進んできわどい交渉戦術を使うのではなく、相手がしてきた場合に、同じ程度で、応酬しているのだということを明確にする必要がある。

そのためには、①自分の立場ではなく利益を守るため用いること、②ある程度妥協の余地があることを同時にシグナリングすること（たとえば、「コミュニケーション・チャンネルはオープンにしておく」「話し合う余地はまだある」などと発表する）、③仕返しは仕方なくしている旨伝えること、④チーム交渉の場合は、タカ派・ハト派（グッドガイ・バッドガイ）の役割分担をすることなどが必要である。

(3) オブラートに包む

3番目の対処方法は、オブラートに包んだ利益交換型交渉や創造的問題解決で臨むというものである。利益交換型交渉や創造的問題解決であることをあいまいにして、実際には利益交換型交渉や創造的問題解決に基づく

問題解決を図る方法である。特に、自分の支持母体に対するタフな交渉者のイメージを維持しながら、交渉決裂に終わることなく実質的な問題解決を図りたいときに使われる。

　具体的な方法としては、①水面下の交渉を行う（予備交渉、事務レベル交渉、トップ交渉、秘密交渉など）、②仲裁者、調停者などの中間者を置き、膠着状態を脱する、③シグナリングをする（建前とは別途、妥協する余地があることを示すシグナルを送る）などの方法がある。

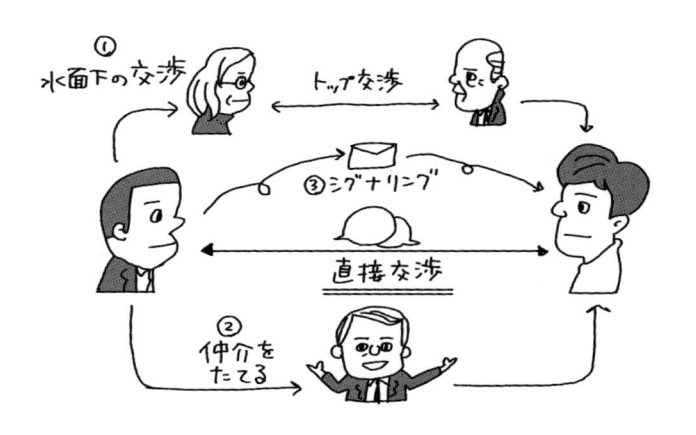

なお、困難な状況（閉塞状況、袋小路）に陥ったらどうすべきであろうか。膠着状態に陥った原因にもよるが、①休憩時間を入れる、②別の話をする、③相手の利益・関心を認める、④合意した点や、これまでの交渉の中間的成果を確認する、⑤ユーモアを用いて雰囲気を和らげる、⑥率先して自分から情報開示し信頼関係を築く努力をする、などの方法がある

　リフォーム事例ではどうなったか。D 社、E 社、F 社それぞれ見積もりを持ってきたが、予想通り C 社のユニットバスの扱いが多い D 社の見積もりが金額的には最も低かった。見積もりは 3 社にお願いしていることを明らかにし、各社に 3 社それぞれの値段を伝えたところ、D 社は「うちに敵う会社はないでしょ」と自信満々であった。こちらが、3 社の相見積もりを取っていることで、価格最重視と思い込んでいる様子であった。一方、E 社は「何とか頑張って、同じ金額で工事をしますので、うちにやらせてください。すぐ決めていただければ、さらに値引きします」と懇願してきた。F 社は「価格では D 社には敵いません。うちだと頑張っても 10 万円はどう

しても高くなります。ただ、洗面室については、ありきたりのシステムを入れるのではなく、こちらから価格面でもう少し安く、しかしデザイン的にははるかによいものを提案させてください」として、図面を提示してきた。こちらが仕上がりを重視していることを察したのは、このF社だけだった。また、妻のバッドガイ演技のおかげもあって、細部にこだわるうるさい客との印象も築けた。結局、総合価格では大差ない３社のうち、F社に任せることに決定した。

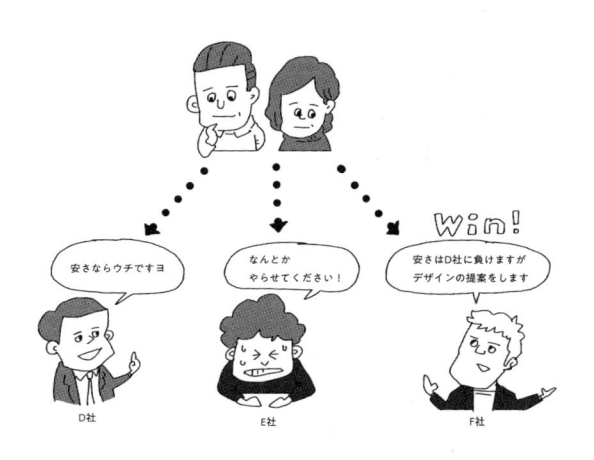

5 評価・学習

　多くの交渉は同じ相手と繰り返し行うことが多い。交渉プロセス自体は相手との相互作用になるため非常に複雑で、ある時点で違う対応を取ったら結果が変わったかということを評価するのは難しい。また、結果自体も評価する必要があるが、当初立てた戦略プラン・実行プランが機能したかどうか、見誤った点は何か等を含めて慎重に判断すべきであろう。

　さらに評価・反省すべきは、今後の取引相手として、今の交渉相手がふさわしいかどうか、中長期的なパートナーとして信頼できるかどうか、そして交渉の基底にある相互依存関係を交渉以外の努力で変えられないかという点である。

　リフォームの事例では、D社、E社、F社の3社の相見積もりを取ることによって、顧客が強いBATNAを持っていることが功を奏した。実際、F社との細部の交渉で

も、価格面では最も低い D 社の見積もりにアンカリングできたことになる。

　もう一つ重要な評価部分がある。それは契約の実行である。交渉自体は契約締結で終わるが、実際には実行が残っているからである。2 週間にわたる実際のリフォームの様子を観察し、この業者が非常に丁寧な仕事を心がけていることが実感できた。その結果、F 社が信頼できる会社であるということになり、次にリフォームする際にも、F 社が最有力候補になるだろう。もちろん、相見積もりは当然とることになる。

リフォーム交渉の評価ポイント
- BATNA を持っていたか……3 社の相見積もりを取った
- アンカリングをできたか……最低価格 D 社の見積もり
- 実行が伴っているか　……　実際のリフォームを観察

あとがき

　筆者にとって、交渉関係の本はこれで3冊目になる（交渉を含めた意思決定の本は9冊目）。最初のものは、『ビジネス交渉と意思決定─脱あいまいさの戦略思考』（日本経済新聞社、2001）で、次が翻訳『新ハーバード流交渉術 ── 感情をポジティブに活用する』（講談社、2006）であった。本書は、日経の本の内容を一部引き継ぎつつ、最近の考えを追加したものである。

　学問としての交渉に初めて接したのは、シカゴ大学経営大学院においてであった。シカゴ大学に行く前はハーバード大学行政大学院で学んでおり、交渉の授業科目があったようにかすかに記憶している。当時は、「フーン、交渉は教えられるんだ」程度の感覚だった。シカゴ大学経営大学院で交渉の授業（Strategic Process of Negotiation）を履修し、TA（Teaching Assistant）を任され、最後は自分で教えるようになったのは、ほとんど偶然である。たまたま、私の博士論文の審査員の一人が、

交渉を専門にしていたので、ともに研究することになったからである。授業中に認知心理学的な実験をして、論文を書いた。現在、慶應義塾大学の湘南藤沢キャンパスで、交渉を教えているが、シカゴ大学での出会いがなければ、このような展開もなかったであろう。

　アメリカでは、1980年代の中頃から交渉の科目が経営大学院にとり入れられはじめ、私が学んでいた80年代の末には、最も人気のある科目の一つになっていた。24年も前に、私がシカゴで教えていた授業でも、学生（三割は留学生）の意識は非常に高く、クラスの中で私語が聞こえると、私が注意する前に、他の学生が自分の学びの邪魔をしないでほしいと言うくらいであった。教える私も劣らず真剣であった。授業内容に不満があると、学生が署名活動を行い、学期途中でも講師の交代を要求できるからである。授業はほとんど演習を通じて行った。実際に交渉を模擬的に行い、その後で基本的な講義をし、さらに演習時のさまざまな展開について皆で議論するという形式であった。

　この授業が、自分にとっては大学で授業を教えた初め

てのことだったので、準備も大変であり、英語での議論とそのリードという苦労も含めて、大変な思い出になった。何よりも、米国での留学期間全体を通じていろいろな授業を受けることによって、「よい授業」とでもいうべき授業のモデルが自分の頭の中にできたことだろう。思い起こしてみれば、日本で自分が法学部の学生だった頃の授業は、千人教室で、先生が黄色くなった講義ノートを下目に見て、前年度と一字一句違わない内容を、抑揚のない口調で淡々としゃべるというものだった。自分で考える力を育むという視点はゼロだったのかもしれない。

　現在慶應義塾大学湘南藤沢キャンパスで交渉の授業を教えて20数年になるが、シカゴ大学での経験をモデルに作った演習ベースの授業に参加する学生は、米国人と同じくらい熱心である。自分が学んだことを次の世代に伝えることができているという意味で、ささやかな喜びを感じさせてもらっている。

　本来交渉は演習しながら教えるのが理想であるが、本ではそれは容易ではない。それでも本書が読者のなんらかの役に立ったとすれば幸いである。

著者紹介

印南一路 (いんなみ　いちろ)

1958年生まれ。慶應義塾大学総合政策学部教授。専門は、意思決定・交渉論と医療政策。東京大学法学部卒業、富士銀行（現在のみずほ銀行）、元厚生省勤務の後、ハーバード大学行政大学院で学び、シカゴ大学経営大学院でPh.D取得。シカゴ大学経営大学院助教授やスタンフォード大学研究員などを経て、2001年より現職。そのほか、株式会社キングジム社外取締役、厚生労働省中央社会保険医療協議会委員など。著書に『すぐれた意思決定』（中公文庫）、『意思決定トレーニング』（ちくま新書）、『人生が輝く選択力』（中公新書ラクレ）、『サバイバル決断術』（NHK出版）などがある。

交渉学が君たちの人生を変える

2018 年 12 月 30 日　第 1 刷発行

＊著者　　　　　印南一路

＊発行者　　　　佐藤靖

＊発行所　　　　大和書房

東京都文京区関口 1-33-4

電話　03-3203-4511

＊本文印刷　　　信毎書籍印刷

＊カバー印刷　　歩プロセス

＊製本　　　　　小泉製本

＊デザイン・イラストレーション　ヤギワタル

ISBN 978-4-479-79673-2

乱丁・落丁本はお取り替えいたします。

http://www.daiwashobo.co.jp